每天学点
经济学 全集

李睿◎编著

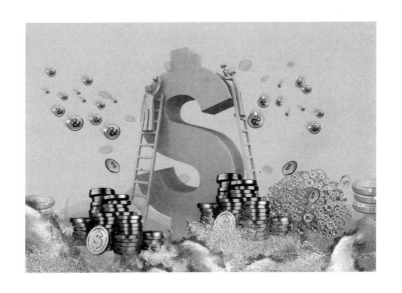

哈尔滨出版社
HARBIN PUBLISHING HOUSE

图书在版编目（CIP）数据

每天学点经济学全集／李睿编著. —哈尔滨：哈
尔滨出版社，2009.11（2020.10重印）
ISBN 978-7-80753-867-7

Ⅰ．①每… Ⅱ．①李… Ⅲ．①经济学－通俗读物
Ⅳ．①F0-49

中国版本图书馆CIP数据核字（2009）第173105号

书　　名：**每天学点经济学全集**
MEITIAN XUEDIAN JINGJIXUE QUANJI

作　　者：李　睿　编著
责任编辑：尉晓敏　李维娜
责任审校：李　战
封面设计：华夏视觉

出版发行：哈尔滨出版社（Harbin Publishing House）
社　　址：哈尔滨市松北区世坤路738号9号楼　　邮编：150028
经　　销：全国新华书店
印　　刷：天津文林印务有限公司
网　　址：www.hrbcbs.com　　www.mifengniao.com
E－mail：hrbcbs@yeah.net
编辑版权热线：（0451）87900271　87900272
销售热线：（0451）87900202　87900203

开　　本：710mm×1000mm　　　1/16　　印张：18.25　　字数：250千字
版　　次：2009年11月第1版
印　　次：2020年10月第2次印刷
书　　号：ISBN 978-7-80753-867-7
定　　价：49.80元

凡购本社图书发现印装错误，请与本社印制部联系调换。　服务热线：（0451）87900278

目　录

第三章　投资理财中的经济学

第四章　职场工作中的经济学

第五章　企业管理中的经济学

附 录　当前经济学领域的热点问题

第一章

国家经济中的经济学

CPI——消费者物价指数

曾经在 10 年前，人们记住了通货膨胀这个词。10 年后，中国人与时俱进，记住了 CPI 这个外来词，把它作为判断是否出现通胀的标志性指标。

说到 CPI，也许很多人会觉得比较陌生。其实一般在生活中我们都会对它有感性的认识，那就是 CPI 升高了，生活就会显得有些拮据，但是大部分的人对 CPI 的经济含义还是不够了解。

那么 CPI 究竟是什么呢？

CPI 就是消费者物价指数，它能够反映出与居民生活有关的产品及劳务价格统计出来的物价变动指标，CPI 通常作为观察通货膨胀水平的重要指标。

如果消费者物价指数升幅过大，在这种情况下，就意味着通货膨胀已经成为经济不稳定因素，央行会有货币政策和财政政策的风险，从而造成经济前景不乐观。

所以，人们都知道 CPI 过高的升幅往往不被市场欢迎。

提到 CPI，我突然想到了物价的飞速上涨，到超市看看猪肉的价格，和前些年相比大相径庭，猪肉价格翻着跟斗往上爬，带领粮食、蔬菜、食用油等生活物品价格飞涨。

我的一位邻居老奶奶，她不懂得什么是 CPI，但是她能迅速感觉到物价上涨的"威力"。有一天，她悄悄地告诉我，她在自己楼下的空地上，种上了丝瓜、茄子、白菜等蔬菜。我问她，就种这么一点点菜，有什么用呢？她告诉我，别小看这些菜，每个月能帮她家节省 200 块生活费。谁知道物价会涨到什么程度，自己种点菜，心里踏实。要是小区允许养猪，她肯定也会养上一两头！

是的，在 CPI 居高不下的情况下，富人的日子还是像以前那样过。但是对于普通老百姓来说，却无疑是一场噩梦。正是因为猪肉、粮食、食用油等生活用品的价格飙升，才会出现重庆家乐福限时抢购桶装油活动引发踩踏事件的悲剧，才会出现居民小区住户梦想着在自家阳台养猪的荒唐事……

CPI 的变化对于年轻人来说，影响也很大。年轻人一般都怕麻烦，所以就都愿意到超市买肉买蔬菜买油，却很少关心价格。但是肉和蔬菜的价格涨得太快，年轻的夫妻往往还要考虑生孩子的问题，看着 CPI 的升高，也只得把富日子当穷日子过。

除了家居生活，CPI 还引发了利息、股市、楼市、工资等问题的连锁反应，共同影响着老百姓的钱包。那么，面对这些问题，深层原因是什么呢？

先说食品，这本身就是一个充满竞争的行业，只要不像以往那样，由政府企业垄断流通环节，或者像家电企业一样被国美、苏宁等渠道商垄断，农民就会在众多零售商之间按照价高者得的经济逻辑使自己收益最大化，这点不劳任何人操心。

作为弱势行业，农业很容易受到天灾、动植物疫病等各种因素的影响，由于农产品产出率低、价格低、风险大，因此对农业实行保障和补贴是各国通行的普遍做法。在对农产品的补贴方面，越是发达国家补贴越高。除了补贴，为了保障农业生产的稳定，政府采取保险、再保险、低息贷款、及时提供各类农产品交易信息等各种措施。

曾经有一段时间，中国市场上的猪肉价格大涨，这里面原因有很多，真正的问题在于有关部门未能提供信息服务、农业融资渠道不畅通、对于大规模爆发的疫病未能提供免疫等保障机制。

当然，若是将这些社会矛盾全部归咎于中国的市场化转轨，或许有失偏颇。中国出现的这些问题，一部分是中国综合国力和政府财力力不从心，还有一部分是政府在财富分配中"越位"和"缺位"，从而导致中国提供公共产品不足或低效。

要想让政府与市场达到和谐的统一是件很难的事情。无论是中国转轨经济的实验，还是在"自由市场"的教科书中，又或是目前发达的西方国家中凯恩斯"看得见的手"和斯密的"看不见的手"，在经济运行中的作用仍无定论。市场和政府的相互博弈是决定效率和公平的相对平衡的关键因素。

不过，这些问题根源多是中国市场化改革不彻底，应该能够随着社会的发展逐步将问题一一解决。

中央银行——最后的放贷者

> 中央银行是一个国家中最高的货币金融管理机构，在各国金融体系中居于主导地位。中央银行的职能是宏观调控、保障金融安全与稳定和金融服务。中央银行是"银行中的银行"，它集中保管银行的准备金，并对它们发放贷款，充当"最后贷款者"。

中央银行是一个由政府组建的机构，负责控制国家货币供给、信贷条件并监管金融体系，特别是商业银行和其他储蓄机构。中央银行还是"银行中的银行"，它集中保管银行的准备金，并对它们发放贷款，充当"最后贷款者"。中央银行向商业银行提供服务，而不向企业和个人提供一般的服务。

它产生于17世纪后半期，形成于19世纪初叶。它是一个国家最高的货币金融管理机构，在各国金融体系中居于主导地位。中央银行的职能是宏观调控、保障金融安全与稳定和金融服务。中央银行是"发币的银行"，对调节货币供应量、稳定币值有重要作用。

中央银行是"国家的银行"，这一职能主要表现在以下几个方面：代理国库；代理国家债券的发行；向国家给予信贷支持；保管外汇和黄金准备；制定并监督有关金融管理法规。此外，中央银行还代表政府参加国际金融组织，出席各种国际会议，从事国际金融活动以及代表政府签订国际金融协定；在国内外经济金融活动中，充当政府的顾问，提供经济、金融情报和决策建议。

中央银行实施货币政策的具体方式常常被称为货币当局的操作程序。以美国的中央银行——联邦储备银行（简称"联储"）为例：联邦基金利率是联储用来实施货币政策的关键利率。根据联储的政策目标和对经济的估测，由联邦公开市场委员会为基金利率设立目标。联邦公开市场委员会是联储负责货币政策制定的委员会，一旦该委员会设定其政策目标，就由纽约联邦储备银行执行其操作，因为该行最接近纽约市的巨大资本市场。

中央银行所从事的业务与其他金融机构所从事的业务的根本区别在于，中央银行所从事的业务不是为了营利，而是为实现国家宏观经济目标服务，这是由中央银行所处的地位和性质决定的。

中央银行通常采用三种主要的政策工具来达到自己的调控目的，这三种政策工具分别是：法定准备金率、贴现率和公开市场活动。

法定准备金率要求所有存款机构都要把存款的一个最低百分比作为准备金，这个最低百分比就称为准备金率。也就是说，当中央银行提高法定准备金率时，银行必须持有更多的准备金。为了增加自己的准备金，银行必须减少自己的贷款，这样就减少了货币量。当中央银行降低法定准备金率时，银行可以少持有准备金。为了减少准备金，银行增加自己的贷款，这就增加了货币量。

贴现率是中央银行随时准备把准备金贷放给商业银行时的利率。

公开市场活动是中央银行在公开市场上买卖政府有价债券——国库券和债券。当中央银行进行公开市场活动时，它是与银行或企业进行交易，但不与政府进行交易。

公开市场活动所引起的银行准备金变动在经济中会引起连锁反应。首先它对货币量具有乘数效应，其次它改变了利率，再次它改变了总支出和实际GDP。在美国，联储通过公开市场业务改变非借入准备金（即准备金总额与借入的准备金之差）的存量，公开市场业务是美联储用来影响经济的最重要工具。

　　"最后贷款人"是中央银行的重要职能，是中央银行保障金融系统稳定的重要手段。

恩格尔系数——达到小康水平的标尺

> 饮食的需求，是人类生存的第一需要，随着收入的增加，在食物需求基本满足的情况下，消费的重心才会开始向穿、用等其他方面转移。因此，一个国家或家庭生活越贫困，恩格尔系数就越大；反之，生活越富裕，恩格尔系数就越小。

19 世纪德国统计学家恩格尔根据统计资料，对消费结构的变化得出一个规律：一个家庭收入越少，家庭收入中（或总支出中）用来购买食物的支出所占的比例就越大，随着家庭收入的增加，家庭收入中（或总支出中）用来购买食物的支出比例则会下降。

推而广之，一个国家越穷，每个国民的平均收入中（或平均支出中）用于购买食物的支出所占比例就越大，随着国家的富裕，这个比例呈下降趋势。

所以说，恩格尔系数是食品消费支出总额占个人消费支出总额的比重。

简单地说，一个家庭或国家的恩格尔系数越小，就说明这个家庭或国家经济越富裕。反之，如果这个家庭或国家的恩格尔系数越大，就说明这个家庭或国家的经济越困难。当然，数据越精确，家庭或国家的经济情况反映的也就越精确。

恩格尔系数公式表示为：

恩格尔系数（%）＝食品支出总额 / 家庭或个人消费支出总额 ×100%

　　恩格尔定律主要表述的是食品支出占总消费支出的比例随收入变化而变化的趋势。它揭示了居民收入和食品支出之间的相互关系，用食品支出占消费总支出的比例来说明经济发展、收入增加对生活消费的影响程度。

　　众所周知，饮食的需求，是人类生存的第一需要，在收入水平较低时，其在消费支出中必然占有重要地位。随着收入的增加，在食物需求基本满足的情况下，消费的重心才会开始向穿、用等其他方面转移。因此，一个国家或家庭生活越贫困，恩格尔系数就越大；反之，生活越富裕，恩格尔系数就越小。

　　人们的现实生活的确如此，很难想象一个贫困的家庭，最大的家庭支出不是放在了食品上。"民以食为天"，吃是人们获得生存的首要条件，只有这一层次获得满足后，消费才会向其他方面扩展。

　　现在的生活有一点可以肯定的是，大部分人口袋里的钱是有数的，吃的消费增多，就意味着文化上、精神上的消费减少。这也证明了你生活的质量仍然不高。随着时代进步，生活之中，文化内涵的注入应该越来越多，这样才能说明人们的生活具有现代生活档次。这让我想到了我们国家春节的恩格尔系数的上升。把春节恩格尔系数降下来，让我们的节日生活过得更加多姿多彩，需要摒弃多年来形成的那一套过分强调饮食上的丰盛，而不太注重精神上的愉悦的节日消费模式。

　　现在我们会发现，请客吃饭在人们的生活中越来越多，不管是别人请客，还是你来做东，都流行到饭店设宴。饭店一桌菜少说也得三四百元，再来两瓶好酒，一顿饭没有六百七百很难下来。若用这些钱订阅报刊，够订三四种读上一年；若看场高雅的文艺演出，一家三口绰绰有余；若用来健身，办张包年卡都没问题。把用来请客吃饭的费用加起来，出去旅游一趟，既能开阔眼界，又能休息放松，一举多得。

　　平时如此，节假日亦然。节日恩格尔系数下降的过程，也是我们追求健康的现代文化，即小康文化的一个过程。当然，春节恩格尔系数下降也不光是消费者的事，有关行业的服务也要跟上去，尤其是文化产业应把更多的本土文化元素、娱乐元素、情感元素注入到传统年节中去，促进传统年节的升级，让人们在春节期间能够选择更多的休闲消费方式，有钱花得高兴，花得开心。

在国际上来看，也常用恩格尔系数来衡量一个国家和地区人民生活水平的状况。根据联合国粮农组织提出的标准，恩格尔系数在59%以上为贫困，50%~59%为温饱，40%~50%为小康，30%~40%为富裕，低于30%为最富裕。我们在我国运用这一标准进行国际和城乡对比时，要考虑到一些不可比因素，如消费品价格不同、居民生活习惯的差异，以及由社会经济制度不同所产生的特殊因素。

对于这些横截面比较中的不可比问题，在分析和比较时应作相应的剔除。另外，在观察历史情况的变化时要注意，恩格尔系数反映的是一种长期的趋势，而不是逐年下降的绝对倾向。它是在短期的波动中求得长期的趋势。

二八定律——收入的差距是如何形成的

> 我们在工作时，如果能够在 20% 的重要事务上尽心竭力，就能达到 80% 的效果。也就是说，工作量不一定要做到 100%，只要牢牢把握这重要的 20%，就足以获得较大的收益。

现实中，有些人总为自己浪费了大好时光而懊悔，沉浸在深深的自责中。其实，一个人只要有明确的目标，即使走过一些弯路，也不会对目标的实现有太大的负面影响。何况，我们自以为在浪费时间，实际上并不是真正的浪费。

没有人敢说，我的每一分钟都在向目标迈进。有的时候，我们需要一点"杂事"的打扰，给身体一个放松的机会。所谓"磨刀不误砍柴功"，正是这个意思。在这一点上，犹太商人这个群体非常值得我们学习。

犹太人善于经商，工作赚钱几乎是他们的一种本能。有句流传很广的话是这样说的：世界上的钱装在美国人的口袋里，而美国人的钱装在犹太人的口袋里。

但是，犹太人不会为工作所累，他们也很热衷于娱乐，重视享受生活。有人对一个犹太人每天不足 8 小时的工作时间感到不解，就问他："你工作一小时能赚 50 美元，每休息 1 小时，就相当于少赚了 50 美元，一年你就要少赚 1.8 万美元，那为什么不能增加 1 小时工作时间呢？"

这个犹太人给他算了一笔账："假如我每天不间断地工作 8 小时，那么我一天能赚 400 美元，但我的寿命将减少 5 年。按每年收入 12 万美元计算，5 年时间我的收入将减少 60 万美元。而如果我每天少工作 1 小时，在我多活的时间里，我能赚更多的钱，这不是更划算吗？"

这样的解释，听起来有点强词夺理，但犹太人就是这样，他们不会将工作带到休息和享乐的时间里。在固定的假日里，他们将工作甩开，全心全意地放松自己。他们喜欢美食，也很关注自己的家庭。犹太人有个习惯，就是从不在餐桌上谈论工作，但可以与家人亲密交谈。

有人也许会说：工作太多了，简直做不完，哪有什么空闲时间呀？

事实证明，在一定的时间内，犹太人完成的工作要比其他人都多，因而拥有的空闲时间也较多。他们的诀窍是什么呢？

答案很简单，那就是"二八定律"，这是犹太人获得巨额财富的一大秘诀。对这一定律通常的解释是：重要事务一般只占所有事务的较小部分，其比例大概为 20%。如果我们在工作时，能够在 20% 的重要事务上尽心竭力，就能达到 80% 的效果。也就是说，工作量不一定要做到 100%，只要牢牢把握这重要的 20%，就足以获得较大的收益。

"二八定律"是由意大利经济学者帕累托在 1897 年提出来的。帕累托注意到 19 世纪英国人的财富和收益模式，并进行了一定的研究后提出了这条定律。

帕累托在调查取样中发现大部分的财富流向了少数人手里，同时，他还发现了一件非常重要的事情，那就是某一个族群占总人口数的百分比和他们所享有的总收入之间有一种微妙的关系。他在不同国度、不同时期都发现过这种现象。不论是早期的英国，还是其他国家，他都发现这种微妙关系始终存在，而且在数学上呈现出一种稳定的关系。

从大量具体的事实中，帕累托发现：社会上 20% 的人占有 80% 的社会财富，即财富在人口中的分配是不平衡的。同时，他还发现生活中存在许多不平衡的现象。因此，二八定律成了这种不平衡关系的简称，不管结果是不是恰好为 80% 和 20%（从统计学上来说，精确的 80% 和 20% 不太可能出现）。习惯上，二八定律讨论的是顶端的 20%，而非底部的 20%。

后人对帕累托的这项发现（二八定律）给予了不同的命名，例如，帕累托法则、帕累托定律、80/20 定律、最省力的法则、不平衡原则等。在此我们把它统称为二八定律。今天人们所采用的二八定律，是一种量化的实证法，用以计量投入和产出之间可能存在的关系。

在二八定律中有这样的理论：一个小的诱因、投入和努力，通常可以产生大的结果、产出或酬劳。就字面意义看，即指你完成的工作中，80% 的成果来自你 20% 的付出。因此，对所有实际的目标，我们 80% 的努力——也就是付出的大部分努力，只与成果有一点点的关系。这种情况看起来似乎是违背常理的，但做现实中却非常普遍。

二八定律指出：在原因和结果、投入和产出，以及努力和报酬之间，存在着一种不平衡关系。它为这种不平衡关系提供了一个非常好的衡量标准：80% 的产出，来自 20% 的投入；80% 的结果，归结于 20% 的起因；80% 的成绩，归功于 20% 的努力。

在商界和人们的生活中，到处存在这种现象，只要细心观察，你就会发现：

世界上 20% 的人口消耗了世界上大约 80% 的资源；

世界上 20% 的人拥有着世界 80% 的财富；

20% 的产品或 20% 的客户，为企业赚得约 80% 的销售额；

20% 的罪犯的罪行占所有犯罪行为的 80%；

20% 的汽车狂人，引起 80% 的交通事故；

在一个国家的医疗体系中，20% 的人口与 20% 的疾病，会消耗 80% 的医疗资源；

80% 的能源浪费在燃烧上，只有其中的 20% 被充分利用，而这 20% 的投入，却回报以 100% 的产出。

在生意交往中，20% 的顾客可以带来 80% 的利润；在社会生活里，20% 的人群拥有 80% 的财富；在人的生命中，20% 的时间带来 80% 的快乐……

你一生使用的 80% 的文句是用字典里 20% 的字组成的；你的电脑 80% 的故障是由 20% 的原因造成的；同样的道理，你 20% 的朋友，占据了你 80% 的与朋友相处的时间……

总之，在原因和结果、投入和产出、努力和报酬之间存在的这种不平衡关系，可以分为以下两种不同类型：多数，它们只能造成少许的影响；少数，它们造成主要的、重大的影响。

通过种种事例可以看出来，我们的生活时时刻刻被二八定律影响着，然而，我们却对此知之甚少。

以前社会上流行这样一种说法：不要把所有的鸡蛋都放在同一个篮子里。可是二八定律却要你小心选定一个篮子，将你所有的鸡蛋都放进入，然后死死盯紧它。如果我们能够知道究竟是哪 20% 的关键付出产生的 80% 收获，我们就能时刻提醒自己把主要的时间和精力放在关键的少数上，而不是用在获利较少的多数上。

如果你能做到这一点，必将会超越平庸，成为一个出类拔萃的人。

税收——用之于民的社会福利

> 我国宪法规定，公民有依法纳税的义务。但老百姓在承担纳税义务时，也要做个明白的纳税人。对于税收，既不要感到恐慌，也不要认为与自己无关。

税收取之于民，用之于民。在现代社会生活中，每一个公民都要缴税。但是，很多人对税收并不熟悉，人的一生要缴纳哪些税，一共要缴纳多少税金，有很多人搞不清楚。

税收是国家存在并维持国家机构运转的物质基础。税收并不是通过向老百姓平均摊派取得的，而是通过对法律规定的某些行为、收入和财产征收一定的份额而取得的。

因此，税收分为许多税种，每个税种都有具体的征税对象、纳税人、税率和计税方式。中国目前有增值税、消费税、营业税、企业所得税、个人所得税、资源税、城市维护建设税（以下简称"城建税"）、房产税、城镇土地使用税、土地增值税、车船税、车辆购置税、契税、印花税、耕地占用税、烟叶税、关税和环境保护税等。

作为普通老百姓，对于这么多税种，可能有些知道，有些还不太熟悉。这是因为，有些税是我们直接或亲自缴纳的，有些税则是在"不知不觉"中缴纳的。

打个比方来说，如果现在有一套住房准备出售，此时你会发现税收离自己非常近，当然，这时需要缴纳的税种视不同情况而定，具体来说可分为：

1. 卖出的住房如果自用不足 5 年，就要按房屋卖价的 5.5% 缴纳营业税及附加税费，按房屋卖价缴纳 1% 的个人所得税、0.05% 的印花税。如果房子属于非普通住房，还要按房屋卖价的 1% 缴纳土地增值税。举例来说，你的房子不是普通住房，卖了 100 万元，则需要缴纳 55000 元的营业税及附加税费、10000 元的个人所得税、10000 元的土地增值税、500 元的印花税，共计 75500 元。

2. 卖出的非普通住房如果自用超过了 5 年，需要按房屋买卖差价的 5.5% 缴纳营业税及附加税费，按房屋卖价缴纳 1% 的个人所得税、0.05% 的印花税。例如，假如你的房子当初是 60 万元买进的，现在 100 万元卖出，那么需要缴纳 22000 元营业税及附加税费、10000 元的个人所得税和 500 元的印花税，共计 32500 元。

3. 卖出的房屋是普通住房，自用超过了 5 年，并且是家庭唯一生活用房，那么卖房收入将免缴营业税和个人所得税。假设所卖房价款还是 100 万元，你只需要缴纳 500 元的印花税。

很多人都觉得税收和自己没有关系。这样说来，如果不做个体经营，或者也不卖房子，是不是税收就和自己没关系了呢？当然不能这么认为。拿个人所得税来说，这是与个人收入关系最密切的一个税种。工资所得是人们的主要收入，其应缴纳的个人所得税由所在单位代扣代缴。如果你的月工资为 8000 元，那么你应缴纳的个人所得税为 90 元。

除了本职工作以外，个人所得税依然会来到你身边。如果你在业余时间，发表了一篇文章，应得稿费 1000 元，而你实际得到的可能只有 972 元，那是因为报社或杂志社代扣了 28 元的个人所得税。

如果你在工作之余从事咨询、设计、家教、表演等劳务活动，所得收入也要被代扣个人所得税。如果你在银行的存款取得了利息，不论利息有多少，都需要缴纳利息税。你若购买的是国库券或金融债券，所得利息是免税的。

如果你是彩民并有幸中了大奖，且中奖金额超过10000元，则需要按中奖金额的20%纳税。如果你手中的发票中了奖，奖金超过800元也需要纳税。

除了个人所得税之外，我们在日常生活中购买商品，也会涉及税收。由于我国实行的是含税价，即商品和服务的价格中包含着国家收取的税款，换句话说，人们通常看到的商品价格主要是由生产该商品的成本费用或商家的进价、厂商的利润、国家收取的税金三部分组成。所以，你买东西吗? 只要你买东西，税收和你依然有关。

因此，我们在购买商品和服务的同时，也为其中包含的税款埋了单。比如: 去超市购物，那里所有商品的标价都是含税价格，购买任何一种商品的同时也意味着购买者向国家缴了税。以老百姓生活中必不可少的食盐来说，假如1袋1斤装的盐价格为2元，其中就包含大约0.2元的增值税和大约0.03元的城建税；而每瓶3元的啤酒包含大约0.44元的增值税、0.12元的消费税和0.06元的城建税。

你花100元买了一件衣服，则其中包含14.53元的增值税和1.45元的城建税；你用100元买了一瓶化妆品，那么其中的税款除14.53元的增值税外，还包含25.64元的消费税和4.02元的城建税及教育费附加。你若是吸烟者，那么对国家的贡献就更大了，假设香烟每包8元，其中大约4.70元是向国家缴纳的消费税、增值税和城建税及教育费附加。

如果你花10万元买了一辆汽车，那么在买车的同时，你已经承担了14530元的增值税、2500~4300元不等的消费税 (汽车的排量不同，适用的消费税税率也不同)，以及1700~1800元的城建税及教育费附加。也就是说，车价的 18.73%~20.63% 是国家收取的税款。另外，以汽油每升为 4.90 元计，则其中包含约 0.714 元的增值税、0.20 元的消费税、0.09 元的城建税及教育费附加，三者占油价的 20.4%。假如你每月的汽油开支是 400 元，其中 81.60 元是向国家缴纳的税款。

如果去餐馆吃饭，最后结账时不论付多付少，你所付餐费的 5.5% 是营业税及附加税费，如果你使用的是一次性木筷，还会包括些许的消费税。

说到这里，我想起了我的朋友老张吃饭要发票的生活经历。一次，老张去一家火锅店吃饭，结账时老张要发票，服务员态度很好地说抱歉，现在没有发票了，要不你把店里电话记下，等有发票你来拿。

老张可不是一般人，他当时就"以子之矛、攻子之盾"，说："你把我的电话记下，你什么时候有发票，你来找我拿钱。"当时服务员就生气了，可是老张说："你不用生气，既然你不肯来找我要这次的饭钱，那么你凭什么让顾客来取发票？"服务员乖乖地把发票开给了老张。

老张在告诉我这件事的时候，还颇有感慨地说，大部分的人没有要发票的习惯，尤其在麦当劳、肯德基、沃尔玛、家乐福等处，更不愿去费工夫要发票。回顾我国商品零售总额：7000 亿；餐饮娱乐消费：6000 亿，共 13000 亿，扣去农村消费、团体消费（国家买单）、大宗消费（家电等必须开票），还有约 4000 亿现金流动。按 5% 的税率（餐饮娱乐税率更高），每年流失的税收约 200 亿。这里面就有麦当劳、肯德基、沃尔玛、家乐福等外资的漏税。

漏税就由于我们不肯要发票，老张说他已经习惯了要发票，他认为这是自己力所能及最简单的爱国方式。这些税收，会流向我们的希望工程或国防建设。在当今全球化的市场中，如果我们爱国，就应该从身边的小事做起。

至于老张为什么比一般的人都敏感呢？这其实和他的生活经历有关。

老张由一个贫寒的农家子弟考入大学，后来适应了城市的生活，在他看来，一个地方的经济发展离不开税收。

当若干年后，他回老家的时候，他发现自己的家乡也发展了：小镇面积大了，楼房高了，街道宽了，路面净了。公园、广场、小区院落，都成为人们户外活动的好场所。每天清晨，人们迎着朝阳，沐浴清风，来这里打太极拳、打篮球羽毛球、跳舞跑步健身，也能够过上丰富的文化生活。

那些庄户人的生活也在一天天地变新变美：政府拿钱培训农民，发放种粮、农机补贴、饲养母猪补贴，农村学校免除学杂费，城乡居民医疗保险全覆盖……所有这些面广量大的民生保障都要靠强大的税收做基础。所以老张由衷地感激所有纳税人和税务工作者，而他也身体力行，对税收格外认真。

很多人认为欧洲一些国家好，羡慕那些政府向全民提供"从摇篮到坟墓"的福利保障。要知道，这种福利制度并不完全是社会富裕的自然产物。国家福利不是免费午餐。

政府自己凭空造不出钱来，高福利必然以国民的高税收来支持。欧洲国民的税负远高于中国，中国人的怨气却远远高于欧洲。这与税制不合理、税收与福利的不对称有关，但文化因素也不容忽视。人们更愿意把钱留在自己手里，而不愿意交给政府。国民普遍地不愿意在国家这么一个庞大的团体内部分享彼此的财富，人们不习惯如此紧密的团体生活。

其实，税收无处不在，渗透在我们日常生活的每个细节中。我国宪法规定，公民有依法纳税的义务。对于税收，我们既不要感到恐慌，也不要认为与自己无关。请大家在承担纳税义务时，也要做个明白的纳税人。

第二章

日常生活中的经济学

购买房产——是自住，还是投资

> 人们的思维变得异常简单：别人买房，我也要买房；别人投资建房，我也要投资建房。疏导人们的买房需求，就是扭转人们相互攀比着去购买豪宅的倾向。中国人口多土地少，节约用地才是关键！

先来讲一个自己的故事，我有一个特别好的朋友，几年前我们读同一所大学，毕业后，我们从事同样的社会工作，收入都不错。工作3年后，我和他不约而同地积蓄了60万元人民币。

3年前，我们都花掉了这60万元，我在市中心给自己购买了一套房，我的朋友执意去买了一辆他一直想买的"奥迪"车。3年后的今天：我的房子市值180万元，朋友的二手车市值只有二十几万元。

在这个故事中，也许读者就应该有所启发，我买房子是一种"投资"行为——钱其实没有花出去，只是转移到房子上，以后还是都归自己。朋友花钱买车是"消费"行为——钱是花出去的，给了别人，车用过10年后就贬值了。

那么，买房子是投资，还是自己住？我们就要提到一所世界有名的学校——哈佛。在此，我们应该向每个哈佛生上的第一堂经济学课取经：花钱要区分"投资"行为和"消费"行为：每月先将30%的工资用于投资，剩下来的才进行消费。

在自己住和投资的两种情况的考虑下，有两个因素占着非常重要的位置，一是位置，二是户型。

一般人认为房子是用来住的，所以户型应该是最先要考虑的。但对于当代的中国来说，买房者考虑的更多的应该是位置，因为好地段、交通便利，不论是自住或是出租，甚至是销售，保值和增值的机率都高。因为一直以来，中国人就喜欢热闹的地方，繁华的地方。

当然如果是自己居住，就要放下小市民的心理，不要以自己是大城市人的身份，宁可委身居住在非常小的空间里，甚至是一家多口挤在只有二三十平米的面积里，也不愿意换个位置，到偏远一点的地方住个舒适。

我认识的一些朋友会选择离市区远一点的地方居住，他们的选择是因为他们受传统观念的影响小，受西方观念的影响大，渴望大空间，渴望小城镇般的闲适生活，渴望在夜晚站在露台上看星星的感觉。所以突然有一座乡村的小城镇冒出来的时候，他们感觉理想突然变得如此近，于是地段便不是需要考虑的因素了。

当然，也有一个特别极端的例子，如我了解的一个邻居，在他要买房子的时候，我分析他目前的家庭组成，告诉他还是考虑地段。遗憾的是，他最终选择了户型，找了一个很偏的地方，因为那户型据说带了个入户花园，看起来很美。对于交通，他认为坐车很方便，50分钟就可以到达公司，再不行自己也可以买辆车，完全可以解决。

这是两年前的事情。年初的时候，他终于决定入住了，于是忙着装修。前段时间，我在一家商务中心遇到他，问他什么时候搬进去，他很痛苦地告诉我，租出去了。新房子，新装修，就这样租出去了。理由，太远了，坐车一个多小时，实在不方便。

这些个体的经济行为，有时或许不起眼。但在精明的分析者眼里，却是一个苗头，他们可以看到一个经济现象的发展趋势。

    我那可怜的邻居，买房子因为是要自住，所以痛苦。而如果他是希望投资，那么现在估计已经几十万到手了。 如果那样，从最小的成本赢得最大的利润上来看，他就获得巨大的回报了!

    但是按照目前我国经济快速发展，消费者价格指数逐年上涨，先前成本按照现在标准衡量，自然被放大。经济学有句流行的话，现在一美元总比未来一美元值钱。按照这个逻辑解释，人们就要趁年轻多买房。用现在的钱把日后的钱还了，既可以减少价格上涨的压力，还能享受贴息，毕竟房子可以保值，也可以套利。

精打细算——"存钱买房"还是"贷款买房"

> 存钱和买房就像树袋熊和熊一样，其实一点关系都没有。看到那些好楼盘，更坚定了一些人这种存钱与买房的辩证观：现在一个月的工资不吃不喝不娱乐，还不够买一平米；即使够买一平米，也要饿死渴死郁闷死。

"我要一所大房子，有很大的落地窗户。阳光洒在地板上，也温暖了我的被……"这首歌中所唱的，不知道是多少年轻人，尤其是年轻"租房族"的美丽梦想。

城市的生活的确如此，爱情与婚恋，劳顿与幸福，最终的安慰一定是一所可以让孩子、父母其乐融融的"大房子"，一个遮风避雨、享受亲情的家。住大房子的人一定有为大房子脚踏实地的过去。那些年轻人也为了把"我要一所大房子"变为"我有一所大房子"而努力奋斗。

当然，这些年轻人中孤军奋战的占绝大多数。很多都市白领丽人都不想依赖老公和家人的力量买房子，小米便是其中一例。

她不像其他的女孩子，大手大脚"月月光"，她有计划地省钱，她想要在市里自己买套房子。终于有一天，我接到了她的电话，她在电话里的声音近乎于崩溃。

她说："你知道我做几份工作吗？我一份工作，外加三份兼职，勤勤恳恳想要买房子，为了不再过看房东脸色的日子，我的脸都变成菜色了。为了买房我存钱，存了一点小钱，却发现存一辈子也不够买一套房子，于是陷入极度的悲观，然后我又使劲赚钱，赚了一点又开始存钱，结果是再一次被现实摧毁……这种循环占据了我日常生活很大一部分时间。"

我委婉地问她现在感觉怎么样，钱攒得差不多了吧。

这一句问话终于让她崩溃，她说："我总想多存点钱，留着买房子，可是三年了，我今天把所有的银行卡归置到一起，一算，自己赚的钱实在太少了，虽然我每个月都存钱，但是光靠我一个人的努力，想要在这个高房价的城市里买一套属于自己的房子实在是太难了。我的父母只是普通工薪阶层，他们从来都不同意我自己攒钱买房，当然首要原因也是因为资金实力不够，他们只会说，你看你，如果花点心思早点找个人嫁了，哪有这么多事来烦呢，就算是和对方一起买房也比你自己一个人买要好很多啊！"

听完她的话我劝她说，大部分情况下，存钱买房压力都太大，还是考虑贷款买房吧，因为对于工薪阶层来说，一次性付清，毕竟不是一件容易的事情。

其实，存钱和买房就像树袋熊和熊一样，一点关系都没有。看到那些好楼盘，更坚定了一些人这种存钱与买房的辩证观：现在一个月的工资不吃不喝不娱乐，还不够买一平米；即使够买一平米，也要饿死渴死郁闷死。

那么，存钱买房应不应该呢？对于没有房子的年轻人来说，其实应该懂得，即使是贷款，也要给自己多存些钱，这样你才不会将更多的钱流入银行。

无论你是属于哪个阶层，即使是白领收入不菲，要知道面对目前的房价，想要不贷款全额一次性支付购买住房，还是有点难度的。对于不同的贷款方式，不同的还款方式和利息支付方式是各有讲究的，到底哪个住房贷款品种更省钱，更划算。这里，我们给读者介绍一种银行的存贷双赢房贷理财账户。

这是一种某银行为帮助个人住房贷款借款人有效运用资金、节省贷款利息支出而提供的服务。理财账户与借款人名下的个人住房贷款相关联，银行会根据借款人理财账户存款情况和贷款情况，按照约定为借款人计付理财收益。

还可以采用房贷还款假日计划的方法，对于在一定时间内有还款压力或者还款不方便的客户，某银行还推出了房贷还款"假日计划"：一类是"轻松假日计划"，即已在某银行获得个人住房贷款的借款人，可以申请在一段时期内（最长24个月）暂时不归还贷款本金，仅按期归还贷款利息，以此来帮助客户缓解还款期内由于装修、买车等造成的临时资金压力。

另外还有"完全假日计划"，即借款人在部分提前还款后，可以申请在一段时期内（最长12个月）暂时停止归还贷款本息。对于因出差、出国等造成短期内不方便按时还款的客户特别合适，可以提前还款后申请在一段时间内暂停还款。但是，需要提醒客户的是，当房贷还款"假日计划"结束，恢复至原来的还款计划后，每月还款额会发生变化。

最后大家还可以根据自己的需要来选择个人住房"气球贷"。这是一种新的个人住房贷款还款方式，指贷款利息和部分本金分期偿还，剩余本金到期一次偿还。

由于在传统还款方式下，想适用较低利率，必须缩短贷款期限，则月供压力加大；想减小月供压力，必须延长贷款期限，则适用利率提高。低利率与低月供不可兼得。而"气球贷"则既能享受低利率，又能拥有低月供。

贷款者可选择较短的贷款期限（如5年），也可以选择一个较长的期限（如 10 年、20 年、30 年）来计算月供，减少月供压力。例如，贷款者选择了 5 年贷款期限（60 个月），可享受 5 年贷款低利率，在支付月供时，贷款者可选择最长 30 年的还款期限，此时，贷款者每月实际支付月供将大大减少。

而等到 5 年贷款到期时，也就是第 60 个还款月，贷款者就必须将剩余的所有贷款本金一次付清。值得提醒的是，个人住房"气球贷"到期有一笔较大的本金需要一次偿还，因而适合资金实力较强的客户。不过，对于还款期间信用记录良好，贷款到期不能一次性偿还剩余贷款本金的贷款者，可提前向银行申请再融资。

其次，在生活方面的理财更为重要，也不是只有女人才会"过日子"，男性如果能够合理安排生活，更能巧妙地节省金钱，早日实现自己的梦想。

很多男性，其实要明白，钱是挣出来的，更是存出来的。

能不坐出租车的时候，就不要打车了，如果读者是一位出租车司机，那么请谅解我的方法，我还是坚持提醒那些月收入并不是特别高，在大城市生活的男性要习惯刷公交车卡，不要习惯刷信用卡。

其次要严格控制购物、合理安排饮食。现在是女性消费时代，对于男人来说，穿着本来就是很好解决的问题。衣服贵精不贵多，只要每天保持整洁干净就好。在一件衣服的外观没有明显受损的情况下，绝不额外添置类似的新衣。逢年过节单位发奖金或者购物卡，各大商场也必搞活动，可以那时再周旋于各大商场，找准折扣最大的商场下手。

"人是铁、饭是钢"，男人本来食量就大，看一眼馆子里的菜单价格，就知道，想要省钱，必须做到饮食上的开源节流，选择自己下厨做饭是一种很好的方法，而且这样的男人将来更讨女孩子欢心。例如在周末，去附近超市将一周需要的蔬菜、肉类、主食买齐。总金额控制在 500 元以内，你绝对可以省下很多金钱，收获到更多健康。

　　至于剩下的最重要的一件事，我想要告诉所有的读者，省钱的计划做到这里之后，你可以把其他的精力用来算计怎样更好工作赚更多的金钱，并多关注房贷信息，祝你早日入住你的"大房子"。

"按揭"贷款——"第三条道路"可行吗

> 这里要提醒购房者的是，在按揭之前，应该对自己现在及未来的生活有一个大略的预见，尽量在买房的同时也要把自身的承受风险能力考虑在其中。

房价在短期内飞速上涨，加剧了个人房贷违约的隐患，商业银行对由此引发的金融风险不能及早防范。

与其他因素相比，如利率进入上升通道、CPI 持续走高等等，房价与房贷违约风险的关系更大。房价在短期内急速攀升，使个人房贷业务蕴涵的风险持续聚集。一旦房价出现大幅波动，违约风险将喷涌爆发。

众所周知，从世界范围看，与其他贷款种类相比，住房按揭贷款的风险被公认是比较低的。即使在失业率很高、房产价格大跌的情况下，按揭贷款的坏账率和损失率也普遍较低。

这种方式，让你不必等有了所有的钱，再住进大房子，按揭的意思就是贷款，也就是向银行借钱，不必马上花费很多钱就可以买到自己的房子，所以按揭购房的第一个优点就是钱少也能买房，也就是人们说的可以花明天的钱，圆现在的梦。

如果选择这种方式，还可以把有限的资金用于多项投资。

从投资角度说，办按揭购房者可以把资金分开投资，贷款买房出租，以租养贷，然后再投资，这样资金使用更灵活。

可能人们还看重的一点在于，银行可以替你把关房子，因为办借款是向银行借钱，所以房产项目的优劣银行自然关心，银行除了审查你本身外，还会替你审查开发商，为你把关，自然保险性高。

按揭贷款中，人们最关心的是条件及程序，首先是办理按揭贷款需要提供的资料；其次，申请人和配偶的身份证、户口原件及复印件3份（如申请人与配偶不属于同一户口的须另附婚姻关系证明）；再次，准备购房协议书正本；然后，房价30%或以上预付款收据原件及复印件各1份；接着，申请人家庭收入证明材料和有关资产证明等，包括工资单、个人所得税纳税单、单位开具的收入证明、银行存单等；最后，要有开发商的收款账号1份。

如果仅仅是看到按揭贷款的可行之处，那是不是在城市中，人人都可以有大房子了呢？

在这里，我们要告诉您的是，随着银行的几次加息，一些按揭贷款购房的市民心理压力日益增大，一些人出现了不同程度的困惑、迷茫、焦虑、压抑等心理问题，有的甚至走进心理诊所向心理咨询专家求助。

因此，按揭还是给人们带来了一定的心理压力，能否适应这种压力要每个人视自己情况而定，例如，有的人就说一睁眼就想到还债，房奴的日子没法过。

还有突发的情况是让人始料未及的。例如，刚刚30岁的小张，12000余元的月收入加上爱人8000元的收入，足以保证他们买一套小平米的住房。起初没觉得有什么问题，还房贷之余还能存些钱。

但意外的是，8月份母亲突然被检查出肝癌。直到老人家10月份去世，他已经花进去了数十万元"家底"。生活的压力、还贷的压力，让他的生活质量急转直下。他现在是能在家吃就不出去吃，烟也不抽了，泡吧什么的根本想都不敢想，而且心理承受能力也因此直线下滑，他说："我还经常和爱人为一点小事或一句话而吵架,而且越吵越凶。最后胸闷、气短,也经常做噩梦、失眠,忍受着巨大的精神折磨。"

所以,要提醒购房者在按揭之前应该对自己现在及未来的生活有一个大略的预见。尽量在买房的同时也要把自身的承受风险能力考虑其中。

购房者在购买住房前,一定要衡量好自己的经济临界点,为加息、工作收入改变、疾病等特殊情况预留出一定的财务空间,以免情况发生改变后自己招架不住。一般来说,贷款购房者的还贷时间长达十年、二十年,甚至三十年,这期间极容易出现生活变数,面对变故人难免产生负面情绪,如果不及时处理或处理不当,就容易导致心理问题。

那些为了攀比而急于买房的年轻人,不要把买房的经济压力强加在自己或父母身上。家庭生活的幸福并不一定要靠一间大房子来维系,精神上的充实也会让人其乐融融。买房本就是保证生存需要的,如果因为买房而让自己的生活如履薄冰的话,那就得不偿失了。

权衡利弊——影响房子升值潜力的因素

"高品质软件"能够提升房子价值，楼盘项目就像一台计算机，良好的硬件设施固然重要，但如果没有过硬的软件，整个体系就会瘫痪，变得毫无用处。

房地产市场火了，火得几乎所有的在售和预售项目都标榜自己极具升值潜力，那些主打投资牌的项目就更不用说了，明里暗里地跟购房者说自己的项目年回报率多高多高。

房地产市场疯了，疯得连已经买房的普通老百姓都经常到售楼处问项目为什么还不涨价或者什么时候涨价。

房产必定升值，在房地产市场形势大好的今天似乎成了铁律。买涨不买跌，也成了普遍的购房心理。

"钱少，办不了大事，如果有钱，买两套房子就能过一辈子了。"传统的中国老百姓这样想着，然后按照自己的聪明才智分析出来的结论，买了一套自以为一定能够升值的房子。回到家里，俨然一副大老板的模样，因为在他们眼里，几年过后，房子一出手，当初投进去的资金，那就是几倍甚至几十倍地赚回来。要是每年，不，每月买一套，那几年过后，还不赚翻。

其实购房人在购房时，无论是用来自住，还是用来投资，都把房子的价值空间作为一项重要的参考指标，但许多购房人对房子的升值空间并没有非常清楚的认识。而买什么样的房子才会升值，这在经济学中学问可真不少！

例如，有一些购房人将房价作为唯一的判断标准，认为只有房价涨了才是升值，这其实是购房人不理性的一种表现：一方面房价表面涨了，但不一定有价就有市；一方面房子升值与否并不一定仅仅体现在房价上。一些有经验的开发商和买房子的人说，房子交通、环境、配套的设施及好的物业管理、社区文化所带来的居住品质的提高，也是房子升值的一种体现。

其实，住得好才能卖得好。人们生活在社会中，必然要依赖于社会环境。交通是否便利、生活配套设施是否齐全，一定不要因为房子的内部结构是自己喜欢的，就忽视了这些外部的因素，这些因素会直接影响到人们生活质量的优劣。

试想，如果住在一个格局满意的房子里，但是每天上下班都要倒上三四趟公车，买一点生活用品就要花半个小时在路上，那么生活品质就无从谈起。

在这里有一个很生动的例子，我以前有一个朋友，她因为想要买个超级大的房子，就把自己有限的钱投到了郊区，每天和老公开车回家，一个月的汽油费就会花不少钱。当初买房子的时候，我给她提过建议，我说这样的房子，如果生活起来实在不方便，自己受不了了怎么办？

她当时很不高兴，因为对于雄赳赳气昂昂一心想去交钱买房子的她来说，我的话无疑是泼凉水。她告诉我，城市里的人会越来越多，房子的价格只会越来越高，如果房子她实在不想住了，也不用怕，因为这样的框架楼一定会升值的，到时候可以再转手卖给别人。

我当时还有很多话要和她说，但是她匆匆离开了，根本不听我的"啰唆"。后来的事情，简直就是一部"悲惨世界"。由于房子离公司太远，她和老公索性又在市里租住了一套房，那个房子就一直空着。当某个周日，她和老公开车回家的时候，发现房里值钱的东西全部不翼而飞。

当她后悔的时候，我们就开始想办法，最终她决定把这套房子给卖掉，更令她失望的是，房子没有预期中的升值迹象，很多人因为离市里太远而放弃。虽然到最后的时候，她把价格低到让自己都快要承受不住的程度，但是也并没有形成想象中的"抢购热潮"。

对于居住型的项目而言，项目升值的一种体现是能使居住者更方便、更舒适的交通、配套、环境等硬件的改善。另外，聪明而有实力的开发商会在搞好楼盘质量这一硬件的同时，也把软件做好，为业主们创造良好舒适的生活环境，让业主们在社区中享受生活的种种乐趣。因为只有业主们认可了项目的居住品质，才愿意到这个社区中生活，才会对房价有良好的心理承受力，楼盘才可以保有价值甚至提升价值。

"孟母三迁"的故事尽人皆知，可见良好的人文环境对人的成长和生活来说是十分重要的。现代的人们不仅要求高品质的物质生活，更需要高品位的精神生活。

因此，社区文化也就成为了房子能否升值的一个重要因素。目前，很多购房者在购房时也越来越关注项目的社区文化。业主们期望邻里之间能有更多的交流空间，老人、孩子们能得到更多的关爱，社区中有更多家的感觉。

关于楼盘，我们还要注意到一个新词语，那就是"高品质软件"，它能够提升房子的价值。楼盘就好比是一台计算机，良好的硬件设施固然重要，但如果没有过硬的软件，整个体系就会瘫痪，变得毫无用处。物业管理就像是操作员，时时维护着这个体系的运转，所以优秀的物业管理队伍也是房子高品质的一个重要体现。

房屋升值的基础是房子一定要保养得好。好的物业管理会给房子作定期的维护，保护楼盘原有的外观，这样的房子才不会在市场中失去竞争力。

交通、配套、物业管理和社区文化是房子内在的品质，这种品质的外在体现就是房子的升值潜力。对于购房者来说，在购买过程中，一定要对楼盘的硬件和软件作全方位的考察。房子附近的交通、购物环境、教育设施的配套、物业管理的素质以及社区文化的建设等都应被列为考察的对象。良好的软环境对于生活的品质来说是至关重要的，更是房子在日后能够保值、升值的基础。好房子是住出来的，不是卖出来的。在选择房子的时候，作为消费者的您一定要擦亮眼睛，买到能升值的房子，才不会让您在花了大把的钱之后喊后悔。

最后，一定要说的是，在房产升值的背后，有一个被房地产营销刻意忽略掉，而普通购房者并不了解的环节，那就是房屋折旧。

房产价值评估与寻常百姓的生活密切相关，无论是投资还是自住，自己房屋目前的实际价值永远是每一位业主最为关心的问题。人们普遍重视房屋的位置、使用性和价格，但是价格中一项很重要的因素却被人们所忽略了，那就是"房屋折旧率"。

其实并非购房者真的不重视，而是市场将其隐藏了起来，迫使购房者忽略了这个问题。购买房屋无论是用来自住还是投资，其折旧率都是不可小觑的重要环节。在我们确定所购买二手房价格的时候，通常要考虑该房屋的折旧率。

房屋折旧是由于诸多因素带来的房屋价值上的损失而形成的。折旧费是房屋折旧的货币体现，它是房屋建造价值的平均损耗。房屋在长期的使用中，虽然原有的实物形态不变，但由于自然损耗、人为损耗及功能陈旧带来的损耗，使得它的价值也会逐渐减少。这部分因损耗而减少的价值，以货币形态来表现，就是折旧费。

随着居住环境的改善，人们生活水平的提高，卖房买房已经成为众多置业者永恒的话题。不论多新的房子，在转手卖掉的同时也存在折旧的问题，无论是否居住，它都是以二手房身份出现的。事实上，忽视房屋折旧率，对购买者而言显然不公平。大家知道房屋都是有一定使用年限的，况且土地使用权也是有年限的。《物权法》出台前住宅土地使用权通常情况下最长只有 70 年。假如一套房子已经居住了 10 年，那么后来者就只有 60 年的土地使用权，加上每年 2% 的折旧率，如果还按相当于新房的价格买入，甚至还增加了升值部分的差额，购房者显然很吃亏。

所以，要想让自己的房子升值，最好请专家帮自己评估一下，谨慎出手才有丰厚收入。

汽车经济——汽车降价，是利是弊

如果有的厂家，要以牺牲动力及安全为前提对汽车进行降价，即使成本可以下降很多，价格越来越便宜，恐怕消费者也不会买账。

当代的中国，人们对汽车已不再陌生，似乎都已经能够适应堵车的日子。

面对马路上越来越多的汽车，人们也都在想着自己也买上一辆，可以想去哪儿就去哪儿！

车价的大幅下调似乎顺应了人们的心意，这在一定程度上缓解了严重的持币待购现象。但"手里攥着钱不花"的仍大有人在，因为很多消费者眼光放得更长远或是对未来抱有更美好的向往。究竟车市会不会在短时间内迎来新一轮的价格下调呢？

中国加入世贸组织以后造成了市场竞争的空前激烈，这是促使各汽车厂商采取降价措施的一个主要因素。但汽车厂商也应该看到消费者的需求是在不断加大的，即汽车市场消费者购车量的提升也在一定程度上缓解了市场的激烈竞争给各厂商带来的压力，这同样会使厂家、商家不轻易采取降价的手段。

尽管大规模大幅度地降价不太可能出现，可各厂商为适应市场变化所进行的价格微调却是可能的。像许多消费者所希望的那种一降就是两三万的情况是不大可能出现的了。

虽然降价了，但有很多消费者却不糊涂，他们说："同一款车型，新款车配置会较老款有不同程度的缩水。"

这种情况的确是存在的，很多厂商不约而同地采用了增配置不降价的策略应对消费者要求降价的呼声。当被问及如果现在要推出的新车和原有车型发生价位重叠现象，将采取何种策略时，他们就会含糊其辞。

的确，消费者应该保持理性、冷静的头脑来看待汽车大幅调价的问题，因为新车减配的问题并非最近才被曝光。早在一两年前，就已经有车主发现，某款新出的车型门板敲击起来明显没有了原先的厚重感；某款车价格下降后，最初的钢轮毂被换成了价格便宜的铁轮毂。

厂家为什么这么做呢？究其原因，大致分为三种情况：

首先，恶性价格战导致厂商被迫减配压缩成本。随着降价潮的冲击，目前除了高档车尚有喘息之机，其他各档次车型基本上全部卷入这一场降价战中。

为了抢夺市场份额，一些厂家不惜亏本甩卖。在利润趋薄的情况下，为了将损失降到最低，减配无疑是最简便的一个方法。一辆车几个细小的部分稍作调整即少花两三百元，加之车是生产线批量生产，一年几万辆车至少节省了几百万的成本。

随着国内技术的日趋成熟，国产配件慢慢取代了进口配件，生产成本与使用成本都会下降。在实际使用过程中，一些配置并不适合中国路况，为了与整车更好地匹配从而更换配置。

厂商降价各自有不同的目的，这就要求消费者心态更加成熟，例如在国产 VOLVO S40 的试驾会上，厂方培训师在强调国产 S40 与进口质量无差异的同时，也不无感慨地说"不少中国消费者还处于'浅层消费'，只是盯在眼睛看得见的地方，像内饰做工的精细度、座椅是皮质还是布绒等"。

正因如此，一些厂家有意去迎合消费者的心态，表面上做足文章的同时却在内部材质上偷工减料，推出产品时再赋予一个极具诱惑力的价格。既要低价，又要高配，消费者的这种心态多少有些难为厂商，毕竟一分钱一分货，世上没有赔本的买卖，是选择价格，还是选择质量，恐怕消费者需要有聪明的头脑。

其次，还要提醒消费者，国产货不等于劣质货。许多消费者针对进口件改为国产件的车型，认为这就是质量缩水的表现。

其实，按汽车业内的规律，汽车的成本价若想下降，一方面依靠市场份额的扩大与这一车型保有量的增加，另一方面取决于配件国产化率的提高。随着国内技术的成熟，将进口件替换为国产件是必然趋势，也是降低成本的有效途径。

这并不是要欺骗消费者，国外一些配件的技术含量并不高，替换成国产件不仅从成本上更为经济，而且更适合中国车况与路况。在不影响汽车质量与安全的前提下，用国产件替代进口件无可非议。

最后，如果有的厂家偷工减料，即使成本可以下降许多，价格越来越便宜，可若要以牺牲动力及安全为代价，那么价格再便宜，恐怕消费者也不会买账！

饮食经济——中国瓷碗里装美国小麦

> 中国人绝对不会因为买不起粮而挨饿，粮食是一种可再生的资
> 源。只要管理得法，永远不会供应不足。会有那么一天，外国人的
> 洋碗里也盛放着中国人的优质小麦！

美国学者莱斯特·布朗 1994 年的报告《谁来养活中国》，震惊了世界。

他在这本书里写到，随着中国经济的高速发展，中国的粮食供需将出现极大缺口，并足以引发世界性的粮食危机。这种供需缺口的必然性在于：一方面，在中国庞大的人口数量基础上，还会出现不可抑制的人口增加。而后随着工业化进程加快，人民生活水平提高，都将导致对粮食的巨大需求，尤其是因城乡居民不断增加的肉、禽、蛋、奶的消费而引起的间接粮食需求的压力迅速加大；另一方面，与之相伴的却是因工业化进程加快而导致的耕地锐减、水资源匮乏、生态环境破坏等，必将导致未来中国的粮食供给能力逐步下降。

在这本书中，布朗甚至参照日本、韩国、中国台湾等国家和地区的历史经验，预计到 2030 年，即使按目前的人均消费量计算，中国也会出现 2.16 亿吨的粮食供需缺口，相当于 1993 年世界全部粮食出口的总量。面对如此大的缺口，布朗提出了两大命题：一是中国届时是否有如此巨大的外汇支付能力进口粮食；二是若中国如此大规模地进口粮食，谁能提供这么多的粮食？

布朗的态度是悲观的，他认为世界粮食生产能力也在下降，而且到时缺粮的国家和地区数量也会增加。为此，布朗忧心忡忡地指出：中国未来的粮食短缺将对全世界产生巨大影响，中国粮食的短缺将成为世界粮食的短缺。

一段时间内，布朗的观点成了"中国威胁论"的一部分。随着时间的推移，布朗在报告中提出的关于中国水资源短缺、农田减少、环境恶化等问题变得越来越现实，布朗逐渐被中国人接受。

十多年过去了，布朗说："在《谁来养活中国》出版之后的这段时间里，我已经注意到，中国政府为提高谷物的产量采取了许多行动，例如：提供给农民的谷物价格补贴提高了40%；为农民提供的农业贷款增加了一倍；对农业科学研究进行了大量投入。这么做的结果是，中国成为基本上可以粮食自给自足的国家。虽然偶尔会有少量进口，有时候还会出口一些谷物，但基本上可以说是自给自足的。"

最近，是否保护耕地的问题再一次成为争论的焦点。面对名目繁多的棘手问题，有些人认为放开占用耕地的限制是重中之重。为了增加说服力，还有人认为唯有这样才能够改善农民的尚存状况。至于中国人以后吃什么，他们相信通过国际贸易完全可以解决。

但是，中国是一个人口大国，粮食需求量巨大。即使按照现在的土地和农业状况，将来也需要进口粮食。现在农民的种粮积极性不高是一个事实。首先农耕地在减少。另外，因为种粮成本的原因使农民选择出外打工而不种粮或者少种粮。

这个问题是需要我们注意的。

如果耕地大幅度减少，需要大幅度增加粮食进口量的话，那么绝不会是一件轻松的事情。尽管目前国际粮食市场的供应尚可，价格也不高，然而市场是动态的，价格是由供求关系决定的。一旦中国大量进口粮食，其价格就会大幅上涨。不仅如此，只要中国耕地面积减少，就会导致国际粮食价格上涨。纵观世界各国，大多对耕地采取保护的政策。有人说，美国对耕地的政策相对宽松，这是有客观原因的。从人均土地面积上来比较的话，美国的人均土地面积远远大于中国，同时还是粮食出口国。中国的瓷碗里盛放着美国的小麦，这个现象提醒我们，必须从现在起关注耕地的状况。国内到底还有多少耕地，近期和远期能够提供城市开发的土地数量，都应该有一个严格的控制。

政府不可以大规模地减少耕地，特别是不可以为了迎合投机者的需要短期占用太多的耕地。土地是稀缺和不可再生的资源，既然连足够的耕地都难以保证了，就必须采取措施抑制房地产投机。

席卷全球的经济危机告诉我们，过于放任的市场经济是灾难性的。拿耕地去赌，实际上是延续了泡沫经济时代的思维。

另外，还要提倡农民要种粮。但根据市场规则，如果粮价过低，而他们出门在外能够获得更多的收入时，他们就会选择抛荒，或者本来可种两季稻或三季稻的地方却选择只种一季保证自己家庭口粮，而腾出时间和精力出外打工。

生活在城市的人们看到粮食涨价不必气恼，粮食涨价从另一个角度来看其实对农民应该是有利的，因为可以保障他们的收入，并且提高种粮的积极性。粮食涨价，这对于一些极度贫困的家庭来说可能无法承担，国家可以对这些人进行必要的补贴。

如果我们以为只要鼓励农民多种粮就能有饭吃，这种想法是极其错误的。科技的进步和贸易的发达使得粮价降低，市场供应日趋平衡。展望未来，有人担心科学技术的潜力已经快用完了，化肥、种子都没有多少潜力可挖了。基因工程让农业增产的前景非常乐观。不怕病虫害的新品种已经大量涌现，营养更丰富，口味更好的食品每时每刻都在出现。从生产机会来看，也远远没有用尽。

人们也不必过于担心粮荒，就我国总体而言，进口粮食所花的外汇只占年创汇的不到百分之一，实在是微不足道。不管粮食价格涨到哪儿去，中国人绝对不会因为买不起粮而挨饿。总体来看，粮食是一种可再生的资源。只要管理得法，永远不会供应不足。

而且，会有那么一天，外国人的洋碗里也盛放着中国人的优质小麦！

服装经济——买反季衣服是否划算

> 有一些不知名的品牌，甚至伪劣产品也搭乘"反季销售"的顺风车，倾销去年滞销的产品。而这类商品往往价格特别吸引人，一般会打二至五折，有的还满额赠礼。消费者会受"利"诱而纷纷购买。

中国的服装界特别流行反季节销售——走在大街上，赶上商家搞这种活动的时候，简直是人山人海，热闹空前。这时，仔细观察人群，会发现有两类人脸部的表情完全不同：有人对此不屑一顾，漠然前行；有人却会投入人群，挑挑拣拣，满载而归。

那么，买反季的衣服是否划算呢？在进入这个问题之前，先讲一个真实的故事。有一个朋友，他是一名成功进入上层社会的营养师。几年前事业刚起步，在北京他住在不到5平米的地下室中，但是他却用自己攒下来的钱买了一套反季销售的打折名牌运动装。

在当时，他穿的品牌就是上流人士的标志，他每天早上都要到高档社区附近晨跑，与早已选好的"目标"偶遇！原来，他早已留意到那位年事已高却家财万贯的老人，于是通过不经意的搭讪，他们聊了起来。由于彼此对对方印象良好，并且老人对健康很关注，我的这位朋友不但得到了自己事业开展时的第一个客户，还从此帮助他在一个高层次的圈子中风生水起。

这个看似与主题无关的故事，却给我们提供了一个新的思考，那就是服装品牌的重要性和我们要不要接受那些高价位的品牌在反季时所作的让利活动。

我对经济学原理当中的一个原理的理解就是：如果你和别人买同一样东西花钱比他少，那就等于你赚钱了。从各大商场了解到，"反季销售"在每年的冬夏两季都有。买过羽绒服的人都知道羽绒服夏天的价格估计要比冬天的低四分之一，即使像品牌羽绒服的售价并没有跌破老百姓的心理底线。一件原价180元的羽绒背心，现价是120元；一件原价400元的中长羽绒服现价卖320元。虽然降价幅度并不是十分大，消费者仍然趋之若鹜。

反季销售时，羽绒服虽然不是今年的新款，但是羽绒服换来换去也就那么几个样式，没有特别新颖的。从经济学的角度来看，夏天一件要300块，冬天就要500块，涨了200块。若夏天把300块投入使用，让钱生钱的话，半年的时间生300块应该不成问题。关键是大部分的工薪阶层并没有使钱生钱。这样从效益方面来讲，还是反季买比较划算，虽然压了一些钱，但这些钱在实际中也是不流动的。

我们再看上述故事中讲的主人公，依靠现在的经济实力，他买所有的新款名牌衣服都不成问题。但是，他依然愿意在服装反季销售的时候，看看有没有自己喜欢和需要的衣服。他说："如果人家说我买了个百十来万的车很有钱，我一点都不会开心；如果有人说我买到超值的东西，我简直会有骄傲的感觉。"

这位朋友不但是位营养师，对经济学也颇感兴趣，他将投资中的思维方法应用到生活中。有次买西服，原价10000多元的名牌西服，他只花了3000多元。原来，这种浅色西服一般在春夏比较畅销，而他却在冬天买，因此获得很大折扣。

当然，他敢于在冬天反季买浅色西服，是因为他知道这种款式不会过时。我们投资也一样，都知道目前的股价反映了当前国内外经济形势不太妙，但我们肯定知道，经济不可能永远这样糟糕下去，在每一轮经济周期调整过后，一定是站在一个更高的起点上。

如果某一天你在街上发现，你上个月花费不菲刚买的衣服像咸菜一样堆在商店门口贱卖时，你也许会有一种说不出的滋味。不知道什么原因打折了，贱卖了，大出血了，怎样才能不让自己有上当受骗的感觉呢? 最好的方法就是反季消费。

但是有利益的时候，必然要有清醒的头脑，要知道利益后面可能就是陷阱，曾经有一位名牌的售货员与我聊天时说："我们的牌子是一线品牌，一直都很受顾客欢迎。由于反季销售常常带来购买高潮，所以我们一般会在去年当季销售的最低价上提升 5% 至 20% 不等。也许是由于反季销售正好点在消费者的购买心理上了，所以还是卖得不错。"

还有一些不知名的品牌，甚至伪劣产品也会搭乘"反季销售"的顺风车，倾销去年滞销的产品。而这类商品往往价格特别吸引人，一般会打二至五折，有的还满额赠礼。消费者会受"利"诱而纷纷购买。

服装反季消费也是有一定诀窍的，所有的打折商品的确大部分是商家在大让利，但也掺杂了不少前一、两年甚至前五年积压下来的商品，要想挑到合意的东西，必须擦亮眼睛。

如果你经常逛街，应尽量挑选你看着眼熟的衣服，或者之前你就看中却又舍不得买的衣服。如果你对所有商品都不熟悉的话，你就应该细细考虑，根据今年的流行色和流行款来判断自己应不应该把口袋里辛辛苦苦上班赚来的血汗钱交出来。

视觉消费——看上去很美

> 由于市场竞争机制的作用，我们很快就摆脱了"短缺经济"的困扰，进入了"过剩经济"，人们的消费选择范围和种类大大增加了。与之相对，生产经营者的竞争压力大大加剧，"赏心悦目"就成为人类消费生活的目的之一。

曾经，在中国人的传统消费观念中，实用是最重要的标准。可是，时代在发展，如今"美观耐用"成为购物的一个十分重要的标准。

这种变化是值得庆幸的，这表明由于市场竞争机制的作用，中国摆脱了"短缺经济"的困扰，进入了"过剩经济"阶段，人们的消费选择范围和种类大大增加了。与之相对，生产经营者的竞争压力大大加剧，也就是说，商品竞争进入了日益饱和的状态。

某种商品要想在激烈的市场竞争中生存下去，仅靠产品质量和价格来进行竞争是不够的。在消费品供给过剩的情况下，一个关键的问题是如何捕获消费者的"注意力"。因此，通过设计和包装来增强商品新颖、独特和美观的视觉效果，就成为了吸引消费者眼球的重要手段。很显然，隐性视觉消费被纳入了生产的过程。这也就是说，商品的生产过程不但包括技术化过程，而且包括美感化过程。于是，商品美学与商品经济便结下了不解之缘。

在商品美学规律的作用下，商品不但成为使用性消费的对象，而且成为视觉性消费的对象。许多人很乐意逛商场的一个重要原因正是由于商品美学所导致的商品美感化的后果。

消费者的观念和需求随着生活水平的提高也发生了重大变化。消费观念从"划算"慢慢向"划意"转变。"划算"导向的消费者追求的是价格与价值的对比关系，力求以最低的价格来获得某种既定的产品。与之相对，"合意"导向的消费者不再以是否划算作为购物的唯一考量，而是以是否合意作为购物的主要依据。所谓"合意"，指的是一件商品要能使自己"喜欢"，而视觉效果是构成喜欢与否的一个重要因素。

这就是说，消费者对商品的消费，不仅限于物品的使用价值，而且也包括对商品的审美鉴赏，即视觉消费。事实上，几乎所有的物品消费都涉及视觉消费，因为物品不仅是拿来用的，而且由于它们构成人们视觉环境的一部分，影响着人们的日常感觉和心理，因而往往也需要"好看"。

讲一个我在生活中发现的例子。上班高峰期常常会出现很多卖鸡蛋煎饼和紫菜包饭的小商贩。小商贩同样有着自己成功的生意经，很多大财团的生意人都是从小商贩的日子过渡而来的。

有一天，我突然发现一个刚来没多久的小吃摊生意突然变得红火起来，而且令人震惊的是，这个摊位的地理位置是最差的。仔细观察一下，还会发现小商贩卖的食物种类都差不多，豆浆、鸡蛋煎饼、鸡蛋灌饼。

为什么唯独这家小吃摊的生意会这么红火呢？唯一的不同之处就在于，那个小吃摊——看上去很美。

那个摊位的主人穿着打扮就与众不同，她的长相并不惊艳，但穿着却端庄、亮丽。加上用蓝色帆布搭起的小吃摊，给人一种正规餐馆的感觉。她的菜单也很别致，制成一个个小牌子挂在显眼的地方。整个小吃摊就是干净、养眼、舒适怡人。

看一看别的小吃摊，那些手忙脚乱摊着煎饼的大妈，全部是睡眼惺忪、烦躁不安的样子。小吃摊的装扮就更别提多糟糕了，铺着脏兮兮的塑料布，高挂在小吃摊顶部的菜单上写着横七竖八的菜名，一看就没有食欲。摊位里面也是凌乱不堪。

两相比较，你是顾客，会不会重新考虑一下是否要在这里吃东西呢？

所以，永远不要忽视消费者的感觉，感觉在购买活动中是消费者对商品的重要的主观反映。商品作为客观存在的事物，消费者在购买之前，可以通过眼、耳、鼻、舌、身等外部感觉器官，获取有关商品的个别的初步的信息，再传输到大脑，形成对某一商品个别属性的反映。因此，要把商品的形状、颜色、成分构成恰如其分地印制、表现在商品包装上，使消费者一目了然，让人产生强烈的视觉冲击，消费者为之怦然心动，感觉可以为眼前的这件产品付出自己的金钱。

我们去餐馆吃饭，都会存在感性认识。有的餐馆，很难从穿着上分辨出谁是顾客谁是服务员，甚至还会看到穿牛仔裤或者休闲装的服务员在为顾客服务，连坐在收银台内的人也是这种打扮。这种餐馆里的服务员往往既没有礼貌又没有服务热情。

与此相反，有的餐馆虽然不能给人富丽堂皇的感觉，但是员工们整齐划一的制服和围裙却能给人一种别样的感觉。那里的服务员个个都充满工作热情，精神饱满，能对顾客的要求作出快速的反应。生意怎么能不红火呢？

俗语说："佛要金装，人要衣装"。同样，商品也需要包装。商品再好，也可能因其包装不适合而卖不出好价钱。据统计，产品竞争力的30%来自包装。随着人们生活水平的提高，精神享受的要求也越来越高。在商品竞争中，包装对商品销售的影响越来越明显。

包装是商品的"无声推销员"，除了保护商品之外，还必须致力于美化、宣传、诱发消费者的购买欲望，增强商品在市场上的销售竞争力。所以，包装里面大有学问，包装如何会直接影响顾客的消费心理导向，从而产生购买或拒绝购买的欲望。商家若能在商品包装上做些文章，使商品包装设计迎合消费者的购买心理，将大大有利于商品的销售。

虽然说比起华丽的外表，实实在在的内容更能博得众人的青睐。但是在内容相同的情况下，人们的注意力当然会偏向外表清秀的一方了，这也是人之常情。这也表明，视觉消费在消费生活中所占比重日益加大、所扮演的角色日益重要。可以说，我们的经济已经从"实用经济"过渡到"美感经济"。我们的消费，也进入了"美感化生存"。

那么，视觉消费具体是什么呢？我们可以把它分成两类，一类是隐性视觉消费，另一类是显性视觉消费。所谓显性视觉消费，指的是把视觉消费本身当做唯一或主要使用价值的消费。例如，对绘画、摄影、雕塑、舞蹈、电视、电影、旅游等等的消费。

在这里，我们重点研究一下隐性视觉消费。它在全部消费过程中不占据显著的地位，因为它从属于功能消费，伴随功能消费而存在。这一类消费，往往是物品消费。例如，包装。在消费者购买心理的整个活动过程中，商品的包装在引导消费者从产生需要至最终购买的决策心理中，起着不可忽视的微妙作用。

现代企业、商品的竞争，是全方位的竞争，商品包装的效果与商品的销售直接相关。消费者在众多的可供挑选的商品中，往往是因为有冲击力的商品包装的刺激而产生购买愿望和购买行为的。商家在市场争夺战中，要引起对包装的高度重视，应根据顾客购买心理的活动规律，设计的商品包装要具有可观性，使包装与顾客的购买心理合拍。特别是在国际市场上，中国的商品常常是"一流商品，二流包装，三流价格"。由于包装落后，给人的感觉是商品粗劣，因而卖不上价钱，被消费者冷落。

时下商战激烈，很多企业不仅重视包装问题，而且通过发掘"包装功能"，取得了显著的经济效益，商品包装五花八门，让人眼花缭乱，外观很是精美。但一些企业不适当地运用包装策略，片面追求商品的"包装效果"，以此误导消费者，而忽视产品本身的问题，使一些伪劣商品得以在精美的包装外衣下大行其道，极大地侵害了消费者的利益。

优质商品加上成功的包装，才是市场竞争中永远的强者。如果商品质量欠佳，而包装精美，消费者购买上当后，就不会再进行第二次购买，而且在消费者中的口碑就会变坏，从而最终失去市场。所以，商家切忌"金玉其外，败絮其中"的欺骗性包装。

所以，聪明的商家就要针对这点，在保证质量的基础上，提高自己商品的审美特点，更好地为自己的经济收入服务。同时作为消费者，也可以适当地保持视觉消费的偏好，我们既然要买东西，当然要买自己喜欢的！

第三章

投资理财中的经济学

致富原则——要致富，请投资

如果你很早就开始储蓄并投资了，当你存到一定程度之后，会
发现你的钱会自动帮你准备好所需的生活花费。

据《犹太人五千年智慧》记载，在古代的巴比伦城里，有一位名叫亚
凯德的犹太富翁，因为金钱太多而遐迩闻名。使他成为一位知名人士的另
一原因，就是他慷慨好施，他对慈善捐款毫不吝啬，他对家人宽大为怀，
他自己用钱也很大度，可是，他每年的金钱收入却大大超过金钱支出。

有一些童年时代的老朋友们常来看他，他们问道："亚凯德，你比我们
幸运多啦。我们大伙勉强糊口的时候，你已成为巴比伦城的第一富翁，你
能穿着最精致的服装，你能享用最珍贵的食物。我们若能叫我们的家人穿
着可以见人的衣服，吃着可口的食品，我们就觉得心满意足了。"

"幼年时代的我们，大家都是平等的，我们都向同一老师求学，我们玩
相同的游戏，那时无论在读书方面或在游戏方面，你都和我们一样，毫无
才华出众之处。幼年时代过去以后，你和我们一样，大家都是同等的诚实
公民，而现在，你成了亿万富翁，我们却终日不得不为了家人的温饱而操心
奔走。"

"根据我们的观察，你做工并不比我们更辛苦，你做工的忠实程度也未
超过我们。那么，为什么多变的命运之神，偏偏要叫你享尽一切好福气，
偏偏不给我们同样的福气呢？"

亚凯德是这样回答的:"童年以后,你们之所以没有得到优裕生活的理由,是因为你们不是没有学得发财原则,就是你们没有实行发财原则。你们忘记了:财富好像一棵大树,它是从一粒小小的种子发育而成的。金钱就是种子,你越勤奋栽培,它就长得越快。"

亚凯德同时也告诉我们一个被我们遗忘的法则:投资致富。

穷人:经典观点就是少用就等于多赚。比如开一家面馆,收益率是100%,投入2万,一年就净赚2万,对穷人来说很不错了。穷人即使有钱,也舍不得拿出来,即使终于下定决心投资,也不愿冒风险,最终还是走不出那一步。穷人最津津乐道的就是鸡生蛋,蛋生鸡,一本万利……但是建筑在一只母鸡身上的希望,毕竟是很脆弱的。

富人:富人的出发点是万本万利。同样的开面馆,富人们会想,一家面馆承载的资本只有2万,如果有1亿资金,岂不是要开5000家面馆?要一个一个管理好,大老板得操多少心,累白多少根头发呀?还不如投资宾馆,一个宾馆就足以消化全部的资本,哪怕收益率只有20%,一年下来也有2000万利润啊!

钱与人类的关系是极为密切的,它被很多人视为最好的朋友。尤其是你要它帮你赚钱的时候,根本不需费多大的心思和力气,它就帮你把更多的钱放入你的口袋里。我们来做个假设,假设你把500元存入一个年息为5%的定期帐户里,你什么也不需要做,一年之后,你的钱就帮你赚进25块钱了。

看起来这25块钱没有什么了不起,但是如果你每年存500元,长达10年,让这5%的利息利上滚利,10年之后,你的帐户里就有6603.9元——其中5000元是你的本金,1603.9元是你滚利赚进的利息。

穷人与富人最根本的区别在于思想的不同。穷人很少想到如何去赚钱和如何才能赚到钱,他们得过且过,认为自己一辈子就该这样,不相信会有什么改变。富人骨子里就深信自己生下来不是要做穷人，而是要做富人，他有强烈的赚钱意识，这已是他血液里的东西，他会想尽一切办法使自己致富。

沃伦·巴菲特是举世闻名的超级富豪。他的致富秘诀很简单，那就是将钱投资在股票里。在沃伦·巴菲特小的时候，他和美国其他小孩无异，都是从送报生开始做起，但是，他比别人更早了解金钱的未来价值，所以，他守着得之不易的每分钱。当他看到店里卖的 400 元的电视时，他看到的不是眼前的 400 元价格，而是 20 年后的 400 元的价值。因此，他宁愿做投资，也不愿意拿来买电视。这样的想法使他不会随意将钱花费在购买不必要的物品上。

如果你很早就开始储蓄并投资了，当你存到一定程度之后，会发现你的钱会自动帮你准备好所需的生活花费。这就像你生在一个很富有的人家，家人每月会固定送上生活所需一样，你甚至不需要感谢他们，只是在他们生日时去应酬他们，这不正是许多人梦寐以求的境界吗? 此时，你完全可以经济独立，做想做的事，去想去的地方，让你的钱留在家里，代你上班赚钱。当然，如果你没有及早储蓄，并且每个月固定拨出一笔钱做投资，那么这一切将永远只是一个梦想。

一般会有这几种情况，一种是你一边储蓄一边投资，你会有所收益；另一种情况是你把所有的钱都花光为止；还有一种情况是你把所有的钱花光，并且欠了信用卡公司一大笔债，在这种情况下，你必须付出一笔利息，也就是你没有让你的钱去赚钱，而是让他人来赚你的钱。由此可见，一个人的财商会影响一个人的理财方式，在这三种情况中，财商高的人，无可非议地会选择第一种情况。

买卖股票——最热门的财产增值手段

> 炒股就是用 364 天，去研究、去调查、去从生活中发现。然后用一天作出迅速准确的判断，给自己赢得一年的收益。

对于现代人来说，股票绝对不是一个陌生的话题。

但是人们对股票了解多少呢？因人而异。什么是股票？我们举个简单的例子来说明：

有一个农民想买牛，买头牛要 1000 块，可是他只有 350 块。和别人合买的话，挣的钱还要和别人分，那不行，于是他想到一个绝妙的好主意……

他对村里人说：如果有头牛，能耕自己的地，还可以给别人耕地挣钱。要是头母牛的话就更好了，可以生小牛，还有牛奶喝，喝不完的奶还可以卖钱，这样的话一定能挣很多的钱。大家都说这个主意非常好。

于是农民说：这样吧，我们合伙买，牛我来经营，到时按股分钱，为了让大家放心，挣了多少钱，我会经常向大家汇报。牛算 1000 股股份，我自己出 350 股的钱，其余的大家买，每股 10 块，我给大家出具凭证，这个咱就叫"股票"。

村里人你买几十股，他买十几股，农民一下子将"股票"卖完了，收到了 6500 块。农民拿 1000 块买牛，剩余的钱装进口袋，自己的 350 块根本没动。

牛一个夏天挣了 300 块，农民兴奋地告诉大家。没有买股份的人后悔死了，便花 13 块的高价从别人手头购买"股票"。大家看到买卖"股票"也挣钱，于是村里有了"股票"市场，出现专门倒卖"股票"的人，也出现了许多靠"股票"吃饭的人，人们不惜借贷炒卖"股票"。

现在，你知道股票是什么了吧？那么你会不会拒绝炒股呢？

其实，每一种事物的出现都有一定的合理性，人们不应该在还没有彻底弄清楚的时候，就从心理上排斥。我的一个朋友，是一位大学老师，我认为他是最不会炒股的人，但是有一天他告诉我，他靠炒股彻底改变了自己的生活。

这个过程非常有意思，他的职业是老师，就不好意思公然炒股，他炒股账户卡上一直挂他妻子的名字。他炒股有一个原因是他喜欢经济理论研究。西方发展太快了，他说，如果他自己什么都不懂，对先进的经济形式一无所知，还怎么教学生呢。

炒股给他带来了丰厚的利润，但是这也并不妨碍他的本职工作。有一次，他到遥远的学校去讲课，一周之内就少收入很多。他说虽然炒股赚钱，如果让他彻底脱离学校、投入炒股，他也不会这么做。

当问及他炒股的经验时，他也实事求是，给我们提供了这样几个思路。

首先，要有怀疑精神，他不看大盘、不相信技术分析、不作预测。不看大盘，原因很简单，大盘好的时候，不好的股票也跌得一塌糊涂，还是有股票跌停板。你要光看大盘做股票，在个股上还是要栽的，最终你还是要落实到个股上。这句话很少有例外，只是在指数基金这个问题上，要看大盘，在平均市盈率到多少的时候，我们应该加买，什么时候应该减仓。

其次，他不相信技术分析。要是一味靠这些技术分析，就非常危险，这些危险包括，你可能在很高位置上被套牢。很多所谓的专业技术分析，他们哪一个能说清楚明天是涨还是跌？这对我们的投资没什么帮助。

最后，不作预测。准确地说是不作短期的预测。长期的预测还是要作的，比如对中国经济或者一个行业，你大概可以说出一个长期的情况。比如手机出现了，你就别买那些 BP 机的股票，彩色胶卷出现了，就别买黑白胶卷的股票，数码相机出来，传统相机股票，像赫赫有名的柯达，就不要去碰它。"非典"来了，旅游业、航空业会大受影响，我们大概都可以预测到。

在这里，还要送读者朋友们一个故事。国外有一个画家，非常勤奋，平均每天要画幅画，可是一年下来，一幅画也没卖出去。他请教一个老画家，说我每天这么勤奋，怎么一张画都卖不掉？那个老画家就说，你能不能反过来，一年用 364 天去画一张画，用一天时间去卖画，我相信你肯定能卖掉。后来事实证明，的确如此。

这个例子对研究上市公司研究股票，很有启发，炒股就是用 364 天，去研究、去调查、去从生活中发现。

不要去看电脑每天的报价，每天看价格从三块掉到两块，两块涨到三块，没有太大意义。用 364 天去看年报，去调查，去思考，用一天时间去买股票。说一天时间，一点也不夸张。因为现在买股票太方便，只要打个电话，只要在网上点几下，几分钟就完了。

可这一点要做到，还真不容易，因为大多数股友，就是整天盯着屏幕，买卖股票，真是很可怜。他们买股票，都不知道这个公司究竟是干什么的，这公司好在哪里，不好在哪里。整天盯在那里，能看出钱来吗？看不出钱来的。所以，请记住一句精准的话就是，一年用 364 天精心选择最好的公司！

购买基金——让专家打理你的财富

> 如果将合伙投资的模式放大 100 倍、1000 倍，你愿意参加吗？这种模式，就是很多人听过却不敢涉足的基金。其实，投一点钱，有人帮助自己管理，何乐而不为呢？对于人们来说，是否购买基金，最大的障碍在于人们是否具有一个开放的心态。

先给大家讲一个故事。1926 年，一个普通的美国人杰克出生了。之前，杰克的父母本打算买一辆当时价值 800 美元的福特 T 型汽车。由于杰克的出生，他们决定把这 800 美金投资在杰克身上。他们选了一种相对稳妥的投资———美国中小企业发展指数基金。

杰克的父母出于各种原因，慢慢就忘记了这件事，直到过世的时候把这部分权益转给了杰克。在 75 岁生日的那天，老杰克偶然间翻出了当年的基金权利凭证，给他的基金代理打了个电话询问现在的账户余额。放下代理的电话，他又给自己的儿子打了个电话。

老杰克只对儿子说了一句话："你现在是百万富翁了！"老杰克的账户上有 3842400 美元！

这个故事中的回报是让人难以置信的：

这 75 年间经历了 1929 年的股市大崩溃、30 年代初的大萧条、40 年代的世界大战、50 年代的人口爆炸、60 年代的越战、70 年代的石油危机和萧条等等让众多投资者倾家荡产、血本无归的种种危机。

更为离奇的是，上世纪 90 年代的大牛市中，还有 90% 的人都没有赚到钱。为何杰克可以实现这么好的收益？原因有很多，其中最为重要的原因是因为他选择了基金并坚持长期投资。

因此从理论上讲，我们假设像杰克的父母那样用 800 美元来投资一只平均业绩的开放式基金的话，以复利计算，50 年之后，我们的资产就能达到 4 938 522 美元。

那么什么是基金呢？

基金是机构投资者的统称，包括信托投资基金、单位信托基金、公积金、保险基金、退休基金，各种基金会的基金。在现有的证券市场上的基金，包括封闭式基金和开放式基金，具有收益性功能和增值潜能的特点。从会计角度透析，基金是一个狭义的概念，意指具有特定目的和用途的资金。因为政府和事业单位的出资者不要求投资回报和投资收回，但要求按法律规定或出资者的意愿把资金用在指定的用途上，而形成了基金。

现在对于人们来说，是否购买基金，最大的障碍在于人们是否具有一个开放的心态。有一位朋友，一有机会总爱向亲友热心推介基金，讲述基金赚钱的故事。他的心愿就是希望大家都来分享牛市盛宴，赶乘资本市场的财富快车，减少通胀损失。家庭聚会当然也少不了这个话题。然而，他这边热情洋溢、娓娓动听地介绍，听众那边却各念各的经，很难统一。

他的弟弟与他亲密无间，只可叹执掌财权的弟妹搞财会工作久了，胆也小了，只愿在小区花园晒太阳玩扑克，悠闲地过"太太"生活，怎会对风云诡谲的资本市场感兴趣？所以，任朋友好说歹说，她只笑笑而已，钱袋子依然紧捂不动。

但是朋友一定要说服家人买基金，他承诺诚实信用、勤勉尽责，但不保证一定赢利，也不保证最低收益。那么，我问他为什么要这么勇于"揽事"呢？

他说全球性流动性过剩局面短期难变；人民币升值还有不小空间；我国经济增长势头好，新兴的中国股市又处于"转轨"时期，蕴藏着巨大的潜能有待释放。股市走牛、基金走好的趋势大可期待。

他的看法非常精准，基金相对来说是一种安全的投资方式。

假设你有一笔钱想投资债券、股票这类证券进行增值，但自己又一无精力二无专业知识，钱也不算多，就想到与其他十个人合伙出资，雇一个投资高手，操作大家合出的资产进行投资增值。如果十多个投资人都与投资高手随时交涉，那不乱套？于是就推举其中一个最懂行的牵头办这事。

当然，这个办事的人，投资人不能亏待他，要定期从大伙合出的资产中按一定比例提成给他，由他代为付给高手报酬。这个办事的人牵头出力张罗大大小小的事，包括挨家跑腿，有关风险的事向高手随时提醒着点，定期向大伙公布投资盈亏情况等等，不可白忙，提成中的钱也有他的劳务费。上面这些事就叫做合伙投资。

将这种合伙投资的模式放大 100 倍、1000 倍，就是很多人听过却不敢涉足的基金。如果手中有富余的资金，那么适当地投一点钱，有人帮助自己管理，何乐而不为呢？

黄金投资——保值增值的宝贝

真正想要利用黄金保值的人，在考虑配置黄金资产时，投资者应当关注黄金是什么，黄金能为我们提供什么以及黄金能帮助我们达到什么目的，而不只是单纯地去关注黄金价格的涨跌。

黄金的稀有性使它十分珍贵，而黄金的稳定性使它便于保存，所以黄金不仅成为人类的物质财富，而且成为人类储藏财富的重要手段。

"盛世藏古董，乱世买黄金"。对于黄金能否保值，这个争论一直都存在，有人认为黄金不会保值，理由十分充分：经济欣欣向荣，人们生活无忧，自然会增强人们投资的欲望，民间购买黄金进行保值或装饰的能力会大为增加，金价也会得到一定的支持。相反，民不聊生，经济萧条时期，人们连吃饭穿衣的基本保障都不能满足，又哪里会有对黄金投资的兴致呢? 金价必然会下跌。

国际金融市场剧烈动荡，同时伴随着各国政府各种形式的大规模救市行为，市场上美元等纸质货币供应量持续上升，通货膨胀的潜在危险日益显现。而作为一般等价物的黄金，无论纸币怎么贬值，它们的价值却基本恒定。所以在金融市场前景不明朗的情况下，可以把手里的闲钱换成黄金来保值。

在目前的市场条件下，黄金保值的优势是很明显的，由于楼市、股市在暴涨之后进入阶段性调整，而商品则大多处于历史最高或较高价位，因此投资者寻找货币保值工具的需求越加迫切。黄金由于其固有的保值功能，自然成为保值首选。国内投资者投资黄金的热情再度被点燃。一般来说，人们谈到黄金保值，指的是针对货币购买力的保值。

但是如果认为购买黄金首饰就可以保值，那么这种观点就是错误的。从投资角度看，投资黄金饰品的收益率较差，甚至称不上是投资。其原因是，金银首饰在日常使用中，总会受到不同程度的磨损或碰撞，如果将旧的金银饰品变现时，其价格自然要比购买时跌去不少。

再次，从购买成本来看，对于首饰的售价不单单是黄金本身的价格，而是黄金价格＋工艺加工费用＋店面租金＋品牌费用等等，由于有了这一系列的费用，一般黄金首饰的价格比黄金现货价格高出大概 15%～25%，这使得一购入首饰就减少了 15%～25% 的价值，黄金的保值性大打折扣。

最后告诉读者的是，在首饰的一买一卖中，黄金价值大概折损了 20%～32%，所以，如果购买首饰来保值，黄金这么大的价值损失比起物价上涨来说是得不偿失，几乎失去了保值作用。

真正想要利用黄金保值的投资者，在考虑配置黄金资产时，应当关注黄金是什么，黄金能为我们提供什么以及黄金能帮助我们达到什么目的，而不只是单纯关注黄金价格的涨跌。

黄金其实是一种特殊的储蓄形式，如果选择以健全货币的形式持有自己的一部分财富，那么黄金便可以安全地保存这部分财富。投资者很难从这一角度看待黄金并较少关注其价格运作，这在很大程度上是因为习惯于通过货币而非黄金来判断商品和服务的价格。同时，也在于已经习惯于将黄金看做一种投资而非货币，而后者才是黄金真正的本质所在。

作为投资者，应该克服上述的偏见以及错误认知，才能使财富得以远离资本管制以及其他政府限制的威胁，那么黄金资产为你带来的这种安全性将获得进一步的提升。

投资保险——给未来系好安全带

　　有些保险代理人在推销投资型保险的时候，常常把收益扩大化，不顾实际地乱开空头支票。投保者如果真正需要一份保障，就应该轻看它的收益，不要被预期收益牵着鼻子走。

　　首先听一段保险人和投保人之间的对话。

　　A：先生，我们工作这么辛苦都是为了家人。如果我们健康，家人就会幸福，因为我们有工作能力，能赚到钱，家里就有生活费。但是我们的工作能力是有风险的，有年老、疾病、意外和死亡的风险，如果我们离开了这个世界，有谁可以照顾这个家？

　　B：来跟我谈保险还不是为了赚我的佣金？

　　A：对，佣金我肯定得赚，不过你想一下，我除了赚佣金外，我有没有第二个理由来找你？有。那就是保险的确是对你有帮助、有价值的东西。

　　A：请问你的房子有没有买保险？请问你的车有没有买保险？

　　B：有。

　　A：这房子、这车子都是你生出来的，这些金蛋全部都买保险，反而生金蛋的鹅还没买保险。你说是坐在车子里面的人值钱，还是这部车子值钱？

　　B：当然是人。

　　A：那为什么车子买了保险反而坐在车子里面的人不买保险呢？

是啊，为什么不呢？

　　保险是一种非常好的理财工具。理财首先是保证既有资产安全性，保险作为一种理财产品唯一不可替代的是对既有资产的一种保全。这种"既有资产"甚至包括人本身，从某种意义上来说，每个人都有两个生命，一个是"自然的生命"，另一个就是"经济生命"。每个生活在这个世界上的人都对家人承担一种责任，这种责任可以有很多的表现方式。保险就是一种很好的体现责任的方式。

　　保险产品是一种金融产品，其复杂性和专业性都远甚于普通商品。购买这种高度专业的金融产品时，需要专业人士的帮助。实际很多情况都是个人保险产品的销售仍然依赖于保险代理人。在这样的背景下，部分业务能力不强、职业道德缺失的代理人就必然有意或无意地误导客户，产生保险冲动消费。

　　不久前，黄先生在朋友的介绍下，来到某保险公司，想给自己和爱人买一份保险。但是保险公司业务员在向他推荐产品时，却让黄先生有点纳闷。这个业务员不管是为他推荐长期寿险还是重大疾病保险，强调的都是这个险种的投资回报率。"我是来买保险产品，又不是来买投资产品。如果只注重回报，我就没必要跑到保险公司来了。"黄先生说。

　　这种情况很多，经常看到一些代理人做的保险规划，无论长期寿险还是重大疾病保险，首推的都是投资类险种。普通人买保险为的是保障而非收益，但往往业务员会拿一些预期收益率来吸引消费者。

　　从多年的一些投资类保险的情况看，收益并没有预期的那样高，有的甚至出现亏损。而保险的投资期限较长，不是一次性投资，因此投保者投保一段时间后，发现自己所买的产品有风险要求退保时，又几乎不可能全额退回所缴纳的保费。继续缴纳保费，又怕面临更大的风险，因此让一些投保人感觉退保也不好，不退保也不好。

　　有人提出这样的疑问，"我买了一份保险，兼有重大疾病保险与分红的功能，每年保费 5000 元左右，预计收益率 3% 左右，比银行储蓄利息还要高。这就等于保险公司白白送我一份保险了"。

但这其实很难做到。所谓的兼有重大疾病和投资收益的保险，一般很难保证投资收益率。因为保险公司在收到这笔保费后，将其分为保障和投资两个部分，其中保障部分的风险责任由保险公司承担，其保险金额是固定不变的；投资部分的风险由投资人承担，投保者在享有投资回报的同时，也承担投资风险。

许多人都有这样的生活经验：有时逛街会莫名其妙地买回很多东西，其中大部分不必要。这是一种冲动型消费，只要看到喜欢的东西，不管有用没用，都把它买下来。平时多买一件衣服或者多买一份化妆品，倒不是不可以。但是，这类人往往在保险消费中也同样冲动。

有些保险代理人在推销投资型保险的时候，常常把收益扩大化，不顾实际地乱开空头支票。投保者如果真正需要一份保障，就应该轻看它的收益，不要被预期收益牵着鼻子走。

个人购买的保险通常是长期的，动辄二三十年甚至终身。保险的消费金额也相对比较大，中途退保还会产生较高的损失。因此在投保决策时，更要注意避免冲动消费。

作为最终消费者的我们要学会保护自己，而不是总经历一次又一次的受伤。一个成熟的消费者，应该学会理性思考、冷静分析，具备基本的分辨是非能力；而不是一听到有利可图，就头脑发热，忽略产品条款，听信一面之词，简单地作出投保决定。

在投保过程中，怎样才能避免冲动消费，理性地选择适合自己的产品呢？

首先，投保前先问问自己，为什么要买保险？如果找不到理由，搁置它！

然后，希望用保险来满足个人的什么需求？医疗、教育储蓄、养老，还是其他？

其次，保险销售人员推荐的保险产品能够满足个人的需求吗？

再次，细心阅读保险合同条款，重点阅读条款中的"保险责任"和"责任免除"。遇到有疑问的地方，应不厌其烦地直接拨打保险公司的客户服务热线，获取更客观的解释和帮助。

最后，年度保险费控制在年收入的 10%，最高不能超出年收入的 20%。

理性地选择适合自己的产品，谨慎地给自己的未来系好安全带，这样才不会埋下一颗定时炸弹！

投资创业——隔行如隔山

> 俗话说"隔行如隔山",投资者选择自己熟悉的行业,就能拥有更多的信息,知道市场发展的方向,就能够作出正确的判断与决策。

我认识的一个朋友,本来是做教学软件代理的,几年下来也积攒了一些钱。后来,听说代理网络游戏能赚大钱,脑子一热,代理了外省的一款还没投入运行的网络游戏。也不知这款游戏到底如何,先预交了100万元当了省级总代理。但那款游戏由于内容、技术上等诸多原因,迟迟未正式推向市场,朋友想退出又涉及打官司,这100万元就成了他的"学费"。

还有一个邻居,他原来开了一家大型的美发机构。由于别人的游说,他决定和别人合伙做美容生意,但是由于业务的不熟练,在管理上存在很多的不足,他的创业也遭遇了"滑铁卢"。

是的,"隔行如隔山",投资新行业,你一定要懂行,要"知道水的深浅",要有这方面的经验和人才,要熟悉其中的运营作业流程,要明白这个行业的发展趋势和经营过程中出现的风险。知道竞争对手,知道自己的目标市场份额。

很多人都厌倦为别人打工的日子,想圆自己的"老板梦",但确实不是谁都能当好"老板"的。有些人只看到成功赚钱的"老板",而没有看到失败亏本破产的老板。马云曾对刚从大学校门出来的学子说,100个创业者有 90 个在悬崖上还来不及喊，就掉下去了。还有 9 个手抓着悬崖边在挣扎，但最终还是掉了下去，只有 1 个能"活"着过来。这个例子是残酷的，但也把自己创业的艰辛囊括在内了。

不少想创业的朋友常常会问自己：我要自己做事的话，我该从哪一行干起？对于有小本创业理想的很多朋友来说，通常不是缺乏资金，而是缺乏一门专业。

但也常常有一个矛盾。那些在大机构做中上职位的朋友，收入固定，且通常有教育基础，较懂得"钱滚钱"的投资手法，通常这类朋友较有闲资，其能力足以创业。但他们还没有实力开大公司，而对一些小本经营，通常又缺乏实干经验，所以应多了解有兴趣的行业，积累才干，了解行业，发现问题，形成解决问题的思路，从知情者变为熟悉者，再到行业专家权威，这样才能缩短创业周期，成功的可能性才大。

还有的情况是，有的人略有小本经营经验，例如快餐店、时装店之类，但通常缺乏资金，又不一定能够处理很多财务上的问题。所以说，如果有这两种情况的创业者，不妨合作。一般来说，有闲资而缺乏创业意识的朋友，比有一技之长、有创业意念却苦无资金创业的朋友多，因为后者可选择由小做起，而前者可能苦无门径，永远无法开展自己的事业。一个人有一技之长，比如懂得开锁，并不代表他该开卖锁店，他可能开创一间时装店也不足为奇，只要他真能赚钱，能发展便可。

所以，真正想创业又比较有把握的话，一定要对某一行当愈熟愈好，不要光凭想象、冲劲、理念做事。若真立志投身一项事业，不妨在该行业工作上一年半载，摸清摸熟行径再开业也不迟。虽然这比较花时间，但总比开业后不赚钱好。

自主创业必须有自己的资源。这包含几个方面，在这一行里，你熟悉专业的人才，无论技术、业务还是管理，深谙此道，熟悉里面的运作；你有良好的人脉网络，有很多朋友在帮助你，帮你拓展业务关系，帮你解决难题，帮你处理经营中的危机，在创业期，良好的人际关系是一笔巨大的财富。

要注意的是，不是每一行当都可小本创业，也不是每一种行当都有正当创业的时机。若心目中有一门事业可供发展，应该大胆付诸实践。而付诸实践的步骤不是立即开业，而是先做资料搜集和各项准备工作。创业者的准备工作若做得充足，信心、冲劲自然较高，这样就已经迈出创业的第一步了。

马太效应——不因它受益，就因它受损

马太效应的奥秘在于占有资源的多少。当你的资源很多时，马太效应会为你服务；如果你的资源很少，就难免被这一法则压在下面。幸好你不是束手无策的，你可以通过努力和有效的方法使自己的资源增值，直至成为一个赢家。

如果金钱使用得当，它将是一个改善生活方式的资源。现实生活中，大多数人都不知道如何增加金钱的价值。但是，以 80/20 的方式思考的人则知道该怎么做，才能使金钱更具价值。金钱若是用来改善生活方式与增加快乐，它没有什么不好。

首先给大家讲一个故事。

有一个国王要到远方征服一个国家。他在临行前，把 3 个仆人叫到面前。交给这 3 个仆人每人 1 锭银子，交代道："你们都拿着我给你们的钱去做生意吧，等我回来时，再来见我。"

国王说完，就出发了。

后来，国王凯旋。他把那 3 个仆人叫到跟前，要他们报告赚了多少钱。

第一个仆人说："主人啊，你交给我 1 锭银子。我已经用它赚了 10 锭。"国王说："好，你干的真不错，我决定给你非常的权力，让你管理 10 座城池。"

第二个仆人说："主人，你给我 1 锭银子，我已经赚了 5 锭。"国王说：

"还可以，我将让你去管理5座城池。"

最后一个仆人说："主人啊，你的1锭银子还在这儿，原封不动。"

这时候，国王发火了，说："你居然原封不动，你最差的行为也可以想到去交给钱庄，这样，你至少可以得到一点利钱。"

国王说完，就转身对其他仆人说："夺下他的银子，交给那赢得10锭的人。"

这个故事和《圣经·马太福音》里的一个故事是相通的，就是说——凡是少的，就连他所有的也要夺过来；凡是多的，我还要加倍给予，叫他多多益善。

它的寓意被称为"马太效应"，即赢家通吃。在现实经济生活中，这种效应普遍存在，并且有逐渐放大的趋势。

想一想，我们的世界中，有没有穷者愈穷、富者愈富的现象？

最典型的例子是巴西、阿根廷等拉美国家，在经历了十多年的经济高速增长期以后，经济发展进入了低增长期，甚至出现了负增长的状况。这些国家的一个共同现象就是贫富差距十分明显，贫困人口占总人口比例长期居高不下。

除了客观条件的影响之外，财富增长的马太效应更重要的是由于不同的市场个体所拥有的不同的发展能力和发展机会造成的。由于客观因素是不可控制和难以改变的，因此现在我们将分析的重点主要放在市场个体的发展能力和发展机会存在的差异方面。

第一，个体能力的差异。虽然不同的个体在财富发现能力、财富创造能力和职业劳动能力上是存在着不同程度的差异的，但是个体能力上的差异并非先天造成的，尤其是职业劳动能力上的差异更是由于不同个体所受的基础教育和专业培训的不同而形成的。由于贫者与富者所处的家庭条件和成长环境的不同，使得他们在享有基础教育资源，接受职业培训方面存在差异，加上个人禀赋的差异，就产生了个体能力上的差异。这种客观上存在的个体能力上的差异，使得不同个体在财富增长中取得的利益收获也有所不同，能力强者取得的多一些，能力弱者取得的少一些，由此不同个体之间就开始产生财富初次分配的差异。

第二，资金筹措能力的差异。生产财富的三个基本要素是土地、资本、劳动力，个体能够获得增值财富的多少受到拥有生产要素的多少的直接影响。在生产要素可以自由买卖的市场经济中，用资金购买都可以取得这三种要素，所以个体拥有和可以使用的资金数量的多少就成为影响财富增长的重要因素。富者除了原本就拥有比贫者较多的自有资金以外，在外部资金的筹措能力方面也比贫者拥有更多的优势。因为富者拥有较多的资产可以向银行抵押，或者更加容易得到其他担保渠道，加上偿付能力较强，所以无论是从筹措资金的数量上还是筹措资金的便利性方面，富者都比贫者拥有更大的优势。

第三，抗风险能力的差异。就抗风险能力而言，贫者由于自身拥有的财富数量较少，经济实力本身就比较弱，再加上外部资金筹措能力比较弱，因此一旦发生经营风险，很容易受到更大的打击。除去经营风险以外的其他风险，比如疾病、失业、意外灾害或者经济萧条，对于贫者的负面影响程度往往要超过富者。即使在同样的风险情况下，贫者的抵抗能力也要小于富者，而且风险过后的恢复能力也无法同富者相比。所以在经济衰退期和复苏期，同样存在财富向富者集中的马太效应。

第四，个体发展机会的不同。富者由于距离财富比较近，其所处的生活环境、社交环境、职业环境都为富者提供了较为丰富的与财富增长有关的信息资源和渠道，他们得到财富增长的机会就会更多。而与之相比，贫者参与社会活动的机会和范围都比富者差，一些特困群体甚至处于边缘化的状态，逐渐远离主流社会。因此，在获得发展机会的渠道以及在利用发展机会的能力上，富者都要强于贫者。

要遏制财富的马太效应愈演愈烈，我们必须采取办法解决穷人太穷的问题，也就是根据经济学上著名的木桶原理，优选解决方案——加长短板，即尽快增加普通劳动者的工资收入和福利。只有这样，我们面临的经济结构失衡、居民消费不旺等问题才能迎刃而解。虽然我们可以将股市暴涨看做是财富效应惠及大众，实际上美国华尔街曾经对于人们财富来源和消费之间的关系进行的调查表明，从股市获利与工资增长转为消费的比较研究可以看出，后者比前者大有优势，因为前者的风险太大，比较工资收入增加转为消费缺乏稳定性。

对于个人发展来说，同样如此，马太效应的奥秘在于占有资源的多少。当你的资源很多时，马太效应会为你服务；如果你的资源很少，就难免被这一法则压在下面。幸好你不是束手无策的，你可以通过努力和有效的方法使自己的资源增值，直至成为一个赢家。如果你没有这样做，那么你也就没有理由抱怨什么，胜败都是你自己的选择。

第四章

职场工作中的经济学

鲇鱼效应——好羊离不开狼

工作中，充满活力是取得优异工作成果的保证，充满活力地工作表明你热爱工作，如果能将自己的努力全部贡献给工作，那么结果将是创意不断涌现。而且，你的活力也会感染周围的同事，赢得好的人际交往，得到他们的信任与帮助。

鲇鱼效应，即采取一种手段或措施，刺激一些企业活跃起来，投入到市场中参与竞争，从而激活市场的同行业企业。

"鲇鱼效应"来源于这样一个故事：挪威人爱吃沙丁鱼，不少渔民都以捕捞沙丁鱼为生。由于沙丁鱼只有活鱼才鲜嫩可口，所以渔民出海捕捞到的沙丁鱼，如果抵港时仍活着，卖价要比死鱼高出许多倍。但由于沙丁鱼不爱动，捕上来不一会儿就会死去。

怎么办呢？一次偶然的机会，一个渔民误将一条鲇鱼掉进了装沙丁鱼的船舱里。当他回到岸边打开船舱时，惊奇地发现以前会死的沙丁鱼竟然都活蹦乱跳地活着。渔夫马上发现，这是那条掉进去的鲇鱼的功劳。

原来，鲇鱼进入船舱后由于环境陌生，自然会四处游动，到处挑起摩擦。沙丁鱼呢，则因发现异己分子而十分紧张，四处逃窜，把整舱鱼扰得上下游动，也使水面不断波动，从而氧气充分。如此这般，就保证了沙丁鱼被活蹦乱跳地运进了渔港。后来，渔夫受到启发，每次都会在沙丁鱼的船舱中放几条鲇鱼，这样每次都能把鱼鲜活地运回海岸。

事实上，"鲇鱼效应"就是在压力下激发潜能的例子。

在某草原牧场上，一个牧民靠养羊赚钱。他总希望自己的羊群能够壮大起来，以获得丰厚的利润，但长期以来，他的羊经常被不时出没的狼群所吞噬。他很恼火，于是就求助政府，希望把这里的狼全部杀掉。他的愿望实现了，羊的数量也很快增多了，他很高兴。又过了几年，一个现象让他大吃一惊：羊的繁殖能力已经大大下降，而且许多羊体质很差。他想起了几年前的情景，顿时恍然大悟。原来羊失去了天敌，它的生存和繁殖的能力也降低了。知道了事情的缘由，牧民就从别的地方引进了一些野狼。有了狼，羊的数量果然增加了不少。

这些故事，其实讲的都是一个道理，只有存在活力，企业才能发展壮大。

"鲇鱼效应"的作用，在于调动大家的积极性，能够有效地激活员工工作的热情和激情。这样可以让员工在刺激作用的驱动下，展现活力，更好地为企业的发展服务。

美国营销大师爱玛·赫伊拉曾形象地说过："不要卖牛排，要卖煎牛排的滋滋声。"为什么呢？原因在于，滋滋声也是一种刺激，声音是听觉的刺激。可以说，刺激在企业管理中无处不在，这种科学的刺激方式，可以使员工受到积极的影响，继而产生沙丁鱼那样活蹦乱跳的动力。

"鲇鱼效应"是企业领导层激发员工活力的有效措施之一，它可以表现在两方面：

一、企业要不断补充新鲜血液。应该把那些富有朝气、思维敏捷的年轻生力军引入职工队伍中甚至管理层，给那些故步自封、因循守旧的懒惰员工和官僚带来竞争压力，才能唤起"沙丁鱼"们的生存意识和竞争求胜之心。

二、要不断地引进新技术、新工艺、新设备、新管理观念。这样才能使企业在市场大潮中搏击风浪，增强生存能力和适应能力。

如果你觉得自己是一条沙丁鱼，这时候又没有鲇鱼，那么应该怎么办呢？

小旭是一家房地产公司的总经理秘书，在这个职位上已经工作一年多了。她很希望能在工作中有所建树，但老板交给她的都是事务性的琐碎工作。她感觉工作缺乏挑战，学不到东西，又没有发展前途，再加上公司刚成立不久，管理中还存在不少不规范的地方，小旭于是产生了严重的职业倦怠感，对工作提不起兴趣，工作起来自然也就无精打采。她很想转行从事销售行业，可又怕自己做不好，为此苦恼不已。

对此，职场专家给了小旭一个很好的提示，那就是当她自己成为沙丁鱼的时候，就要想尽一切办法，给自己注入活力。工作不可能总是充满刺激的，平常的小事和琐事，这些都是工作不可分割的一部分，而你又不可能舍弃它们，因此，你必须学会调节自己的心理状态，让自己始终对工作保持热情，才能克服倦怠的心理。

职场专家给了小旭几个很好的提示，我们也能够从中受益。

首先，每一个人都需要清醒地认识自己。感觉到自己的状态出了问题，先不要归咎于企业或上司、同事，更不要用跳槽、花钱充电等方法来解决问题，这样做收效甚微。应该先从认识自己入手，分析当前的职业和你的人生目标是否统一，是不是有其他的生活问题带到工作中去了等等。如果不意识到自己的根本问题，并加以调整，换多少份工作都无济于事。

其次，如果问题得不到及时的解决，只会越来越向不好的方向发展，千万不要有"说不定过一段时间就会好了"，或者"就这样凑合着工作吧，反正也没人批评"的侥幸心理。

最后，一定要记住：在工作中充满活力是取得优异工作成果的保证，充满活力地工作表明你热爱工作，你愿意将自己的努力全部贡献给工作，刻苦钻研的结果是创意不断涌现。而且，你的活力也会感染周围的同事，赢得好的人际关系，得到他们的帮助。

奥卡姆剃刀定律——化繁为简

在职场中，需要从众多可供选择的业务中筛选出最重要的、拥有核心竞争能力的事件。这样，才能确保组织集中精力，就可以以最少的代价获得最丰厚的利润。反之，如果目标数量过多，往往会使经营者难以同时兼顾太多的业务，从而顾此失彼。

在 14 世纪，英国哲学家威廉·奥卡姆主张"如无必要，勿增实体"的思维经济原则。

奥卡姆剃刀定律，又称"奥康的剃刀"。因为他是英国奥卡姆人，人们就把这句话称为"奥卡姆剃刀"。

当时，这把剃刀出鞘后，剃秃了几百年间争论不休的经院哲学和基督教神学，使科学、哲学从神学中分离出来，引发了欧洲的文艺复兴和宗教改革。这把剃刀曾使很多人感到强烈的威胁，被认为是异端邪说，威廉本人也受到伤害。然而，这些都没能损害这把刀的锋利，相反，经过数百年它变得越来越快，并早已超越了原来狭窄的领域而具有广泛的、丰富的、深刻的意义。

今天，这把阴冷闪光的剃刀又向我们复杂的企业管理发出了挑战，指出许多东西是有害无益的，我们正在被这些自己制造的麻烦压垮。奥卡姆剃刀定律在企业管理中可进一步深化为简单与复杂定律：把事情变复杂很简单，把事情变简单很复杂。这个定律要求我们在处理事情时，要把握事情的本质，解决最根本的问题。尤其要顺应自然，不要把事情人为地复杂化，这样才能把事情处理好。

事实上，我们的组织正不断膨胀，制度越来越烦琐，文件越来越多，但效率却越来越低。这迫使我们使用"奥卡姆剃刀"，采用简单管理，化繁为简，将复杂的事物变简单。

我们强调要把复杂变简单，是因为复杂容易使人迷失，只有简单化后才利于人们理解和操作。随着社会、经济的发展，时间和精力成为人们的稀缺资源，管理者的时间更加有限。许多终日忙忙碌碌的管理者却鲜有成效，究其原因正是缺乏简单管理的思维和能力，分不清"重要的事"与"紧迫的事"。从这个意义上讲，管理之道就是简化之道，简化才意味着对事务真正的掌控。

简单管理对于处于转型和成长时期的中国企业具有非凡的意义，但简单管理本身却不是简单。一些人动辄以"无为而治"、"治大国若烹小鲜"来概括简单管理，却很少有人能像庖丁一般游刃有余。

我们所知道的一流的企业家无不抱着异常谨慎的态度经营企业，如比尔·盖茨"微软离破产只有18个月"的论断、张瑞敏"战战兢兢、如履薄冰"的心态以及任正非一直所担忧的"华为的冬天"。因此说，简单管理作为一种古老而崭新的管理思维和能力，蕴涵着深刻的内涵。

对于组织在目标设置与执行过程中因上述种种原因而出现的目标曲解与置换，有一个根本的解决之道，即"无情地剔除所有累赘"，这也正是"奥卡姆剃刀"所倡导的"简化"法则：保持事物的简单化是对付复杂与烦琐的最有效方式。

具体而言，有三种措施可以帮助我们更快地实现目标。在职场中，首先要用到精兵简政，不断简化组织结构。

随着时代的发展，传统的企业组织结构中严格的等级制度已经不复存在，组织中上下有序的传统规则被淡化，员工之间的关系是平等的分工合作关系，基层员工被赋予更多的权利，他们有可能参与部门目标甚至组织目标的制定，组织内的信息不再是上下级之间的单向传递，而是一种网络化的即时式双向沟通。在这种组织中，顾客的需要成为员工行动的向导，人们的行为具有明确的目标导向。同时，由于员工的积极参与，组织目标与个人目标之间的矛盾得到最大程度的消除。

职场中的每一个人，都要关注组织的核心价值，始终将组织资源集中于自己的专长 。也就是说，在职场中，需要从众多可供选择的业务中筛选出最重要的、拥有核心竞争能力的业务，在自己最具竞争优势的领域确定组织的目标。这样，才能确保组织集中精力，以最少的代价获得最丰厚的利润。反之，如果目标数量过多，往往会使经营者难以同时兼顾太多的业务，顾此失彼。

在工作中，要注意简化流程，避免不必要的动作。

给大家讲个我身边的例子，有一次，小王跟几个不同部门的同事和高层开会。为了几个要刊登在报纸上的简单的字句，大家东琢西磨，改来又换去，最后跟原来的差不多。其实也不算最后，因为最后还是没有敲定。有人为了说话而说话；有人忙着附和副总裁的话；有人在细节上面争论不休；有人沉默不语。

后来，到了中午，每个人都饿了，大家却像小学生一样排队站在两盒外卖前。小王下意识地用手拿了东西吃，却发现大家在安静地分纸盘、塑料叉，然后又分纸巾。其实，不是动不动手的问题，而是动手的先后顺序，副总裁还没动手，除了小王之外，大家都自动住了手。那一块面包，小王整整吃了一个小时的时间。

由于个体受自身思维方式的限制，简单的信息远比复杂的信息更有利于人们的思考与决策。因此一个优秀企业的主要特征，就是他们知道如何保持事情的简单化，不管多复杂的事情都能将其变得简单易行。

尽管导致组织目标曲解与置换的原因很多，但奥卡姆剃刀定律对解决目标的曲解与置换为我们提供了一种"简单"的理念与思路。

机会成本——当断不断，反受其乱

选择有时很容易，但有时却很难，难就难在备选的双方都有多种多样或者不相上下的优势。不过，只要了解了其中的经济学原理——机会成本，人们就会明智地作出最经济、所获利益最大化的选择。

在生活、工作中都免不了要作出选择，选择就要付出代价。当你得到一个机会时，往往会失去另一个机会。而该选择哪个机会，人们则需要通过计算机会成本来加以权衡，即选择一件东西的机会成本是为了得到这件东西所放弃的其他东西的价值。

面对有限的资源，为了能够得到更想要的，人们必须选择放弃。

选择有时很容易，但有时却很难，难就难在备选的双方都有多种多样或者不相上下的优势。不过，只要了解了其中的经济学原理——机会成本，人们就会明智地作出最经济、所获利益最大化的选择。

机会成本，又称为择一成本或替代性成本。它是指在经济决策过程中，因选取某一方案而放弃另一方案所付出的代价或丧失的潜在利益。要想对备选方案的经济效益作出正确的判断与评价，必须在作决策前进行分析，将已放弃的方案可能获得的潜在收益作为被选取方案的机会成本计算在内。

生活中到处存在着机会成本的例子，我们不妨来看一下世界首富、微软公司前任总裁比尔·盖茨在面对选择时，是如何计算机会成本的。

1973 年比尔·盖茨进入哈佛大学法律系学习，可是他对法律一直没有兴趣，反而对计算机情有独钟。19 岁时，盖茨有了创办软件公司的想法，但是此时，他要面临一项选择，是继续读书直到拿到很多人梦寐以求的哈佛大学学位证书，还是辍学开办自己的软件公司？比尔·盖茨热爱学习，顺利完成学业是他的梦想，哈佛大学的毕业证书是他所渴望的，可是经营自己的软件公司也是他所钟爱的。在经过一番思考后，他毅然决定放弃学业，开办软件公司。事实证明了他的选择是对的，在 1999 年美国《福布斯》杂志的世界富豪评选中，比尔·盖茨以净资产 850 亿美元理所当然地登上了榜首。

1999 年 3 月 27 日，比尔·盖茨回母校参加募捐活动时，有记者问他是否愿意继续回哈佛上学，弥补他曾经的遗憾。对此，比尔·盖茨只是微微一笑，没有作出任何回答。不难看出，比尔·盖茨已不愿意为了哈佛的学位证书而放弃自己已有的事业。

按照常理，上学是盖茨喜欢的事情，在实现了创办软件公司的愿望后，他完全可以静下心来继续学习，实现他的哈佛梦想，可是他为什么选择放弃呢？如果从经济学的角度看，这个问题就不再那么令人困惑了。因为，对于当时的盖茨而言，比起放弃学业继续经营公司，放弃经营公司去上学的机会成本更大；而且，他在计算机领域的技术水平已经相当高，上学对他来说得到的利益不可能比他经营公司的利益大，所以他当然会选择机会成本较小、利益较大的一方。

中国也有一个与盖茨类似不愿意上大学的例子，那就是姚明。姚明同火箭队签订了 5 年的合同，火箭队付给他的薪酬是 7000 万美元，加上他平时代理的广告收入，据说他的年收入已突破 1 亿美元。但是如果他选择去读大学的话，这些收入很可能都会失去，也就是说，与在 NBA 打球相比，他选择上大学的机会成本要大得多。

　　人们在日常的生活中，也都会面临各种各样的选择，有选择就需要计算机会成本，因此，这是一个对于任何人都很重要的经济学概念。人们在决策时，经常会比较获利和成本的关系，事实也的确如此，我们只有计算好这一点，才能够更好地实现自己的人生目标。

内卷化效应——你为什么总是原地踏步

　　"内卷化"的结果是可怕的，它会让人在一个层面上无休止地
内缠、内耗、内旋，既没有突破式的增长，也没有渐进式的积累，
让人陷入到一种恶性循环之中。

　　20世纪60年代末，美国人类文化学家利福德·盖尔茨去风景如画的爪哇岛风景区生活。他无心观赏诗画般的景致，潜心研究起当地的农耕生活。时间一长他发现在这里人们日复一日，年复一年地是犁耙收割，使原生态的农业在维持着田园景色的同时，长期停留在一种简单重复、没有进步的轮回状态中。于是他把这种现象冠名为"内卷化"。

　　此后，"内卷化"作为一个学术概念，开始广泛应用到了许多其他学术研究中。它的意思是指一个社会或组织既无突变式的发展，也无渐进式的增长，长期以来，只是在一个简单层次上自我重复。这个学术概念其实并不深奥，在我们的现实生活，经常会看到这种"内卷化现象"。

　　曾经有这样一个故事，讲的是一位央视的记者到陕北采访时问一个孩子：

　　"为什么要放羊？"

　　"为了卖钱。"

　　"卖钱做什么？"

　　"娶媳妇。"

"娶媳妇做什么呢？"

"生孩子。"

"生孩子为什么？"

"放羊。"

这段对话，就形象地为"内卷化现象"作了注解。

在职场生活中这种现象也是无处不在的。

例如，同样在一个单位供职，有的人几年一个台阶，士别几日就当刮目相看，而另一些人却原地不动，多少年过去了却一切照旧。

在一些中小企业里，经常会出现家族管理的模式。一些被领导者看做"亲信"的人，由于便于领导，又值得信任，于是就被分派到各个领导岗位。思维的陈旧和模式的僵化，自然导致企业内卷化现象突出。

要知道，企业只有不断的进行创新，才能不断发展。在企业内部，如果不能吸收新鲜的管理经验，不能引进优秀的人才和设备，就不能提高自己的竞争实力，最终只能是被淘汰。换个角度说，一个设备陈旧，管理落后，产品单一的企业，只能是让自己进入了一种典型的"内卷化状态"。

所以说，进入内卷化状态的一个根本原因就是观念跟不上。一个人，如果总是不思改变，懒惰成性，缺乏斗志，就只能是固步不前，没有进步。因为循规蹈矩，按部就班的生活方式，只能是让自己进入周而复始的轮回状态。纵观历史也是一样，封建社会的小农意识，让以农业生产为主的小农经济持续了两千多年。正是有了改革开放，吸收了国外优秀的发展经验，引进了现代的管理模式，经过不断创新，才有个中国蓬勃发展的市场经济和现代经济。

当前金融危机和经济危机仍然在继续，给世界经济造成的影响仍在不断深化，在如何遏制其继续蔓延，专家提出许多应对意见。其中有一个很重要的措施就是，改变现代人在经济上的思想观念，创造新的经济发展思路。

肆虐的经济危机，给中小企业带来了前所未有的压力，也促成其改变陈旧落后的思想观念和办法。危机与机遇并存，企业领导者应该利用这段时间，多学习，多提高，让企业能够经过洗礼获得更大发展。

市场经济存在着激烈的竞争，竞争中就要靠"人无我有，人有我精，人精我特，人特我转"的法则，要适者生存，顺势而为。所以必须有开阔的眼界和灵活的思维，这样才是走出"内卷化状态"，开辟出一片新的天地。

企业是这样，个人同样如此，我们身边随处可以看到陷入内卷化泥沼的人：老王当了一辈子干事，眼看着身边的人都一个一个升迁了，自己眼看到了退休的年龄，心里酸溜溜的难受。作家张刚，二十出头时就以一个短篇获得了全国性大奖，但是二十多年过去了，眼看和他同时起步的作家已成了全国知名作家，自己却没有再创作出有影响力的作品来，他在怀疑自己是不是搞写作的料。

人为什么会陷入内卷化的泥沼？这是因为人由于自身短板的制约，让自己在一个层面上原地踏步、自我重复、自我消耗。老王的业务能力很强，却一直得不到升迁，是因为他不会处理人际关系，尤其是和领导的关系，所以人际关系这个短板，让老王长期在干事的职位上原地踏步。张刚年轻获奖后，无休止地模仿别人而没有自我，重复过去而没有时代精神，所以创新这块短板，让张刚自我消耗，在创作上无法突破。

"内卷化"的结果是可怕的，它会让人在一个层面上无休止地内缠、内耗、内旋，既没有突破式的增长，也没有渐进式的积累，让人陷入到一种恶性循环之中。你越是缺乏自信，你越难以成功，你越不能成功，你就越缺乏自信，直至破罐子破摔。

所以，对于任何团体和个人来说，创新都尤其重要。所谓创新能力，实际上就是指获得新知识和扩充新知识并能发现新事物的能力。创新能力是一种心理现象，是一种心智能力，是创造新颖的、独创性的思想和事物的能力。

创新是一个民族进步的灵魂，是一个国家兴旺发达的不竭动力。对于企业来说，随着市场竞争的加剧，能否创新已成为企业成败的关键。

请记住，只有企业员工把创新意识看做跟准时上下班一样重要，而且把创新作为一种职业习惯，企业才有勃勃的生机和巨大的潜力。

人才经济学——萧何月下追韩信的原因

老师给的答案，让我们所有的学生都感到非常羞愧，因为老师说："完成一个紧急的采访，可以只安排一个人去，只要这个人是人才，他自己就能拍摄好，他也会写稿，并且，他自己就会开车。"

大家可能都知道在历史上有一个很"倒霉"的人，这个人就是韩信。

他先在项羽帐下征战，虽然多次给项羽建言献策，却总是不受待见，于是一气之下，投了刘邦。可是在刘邦麾下，虽有萧何慧眼推荐，却还是不受待见，于是再次负气出走，单骑北上。

走到凤凰山下寒溪河畔，倒霉的他却遇到了河水暴涨。过不了河，正在河边溜达的时候，萧何追来了。于是乎，萧何百般劝说，韩信回心转意，刘邦汉中拜将，大汉灭楚建国。

这个小故事，说明了人才的重要性。那么人才真的这么重要吗？从人才经济学的角度来回答这个问题，那就是人才非常重要。

国外也不乏这样的事情，有一个故事讲的是福特爱"才"的故事。

有一次福特公司的一台马达坏了，公司出动所有的工程技术人员，但是没有一个人能修复，福特公司只得另请高明。几经寻找，找到了坦因曼思，他原是德国的工程技术人员，流落到美国后，被一家小工厂的老板看中并雇用了他。

他到了现场后，在马达旁听了听，要了把梯子，一会儿爬上一会儿爬下，最后在马达的一个部位用粉笔画一道线，写上几个字"这儿的线圈多了16圈"。果然，把多余的线圈去掉后，马达立即恢复正常。

福特非常赏识坦因曼思的才华，就邀请他来福特公司工作，但坦因曼思却说："我现在的公司对我很好，我不能忘恩负义。"

福特马上说："我把你供职的公司买下来，你就可以来工作了。"

福特为了得到一个人才不惜买下一个公司。人才的重要性是不言而喻的。

随着市场经济意识的不断深入，现在，大家都知道，市场竞争的表现在于产品。谁能生产出适合用户需要、又能使用户满意的产品，谁就能占领市场。归根到底，企业之间市场的竞争、产品的竞争，又是人才的竞争。

对于企业来说，企业核心竞争力越来越表现为对作为第一资本的人才的培育、拥有和运用能力。人才是推动企业健康发展的力量源泉，无论从宏观角度，还是从微观角度来看，人才都是企业发展的决定性因素。因此只有拥有了充足的人才，企业才能实现跨越式的发展。

实行市场经济，必须以价值规律来调整人们的行为。一切竞争，都必须讲究成本，讲究"经济"二字。做事不经济，在竞争中失败是在所难免的。产品竞争如此，人才竞争同样如此。

所以，我们必须重视"人才经济学"，即人才价值工程。具体操作时则表现为，要经济地开发人才、经济地培养人才、经济地使用人才，真正做到人尽其才。

经济地开发人才，首先要做到实事求是。大家知道，所谓人才，是德才兼备，具有一定文化素质，掌握一定的科学技术专长的人。要培养造就真正的人才，需要进行相当大的投资，耗费许多必要的经济和时日，如何找到这既矛盾又统一之间的平衡点，其实大有学问。

有人说，天天喊人才重要，大学生就业怎么就如此难？

　　其实，任何资源要素，只有当其被利用后且能够创造出高于其使用成本的价值的时候，才是具有真正的价值！因此，资源要有价值需要两个条件，一是其本身拥有创造增值的潜在空间；二是能够被有效利用。

　　人才是指具有价值创造能力的人力资源，当大学生不能创造出超过其自身使用成本的价值时，就不应该归为人才！因此，大学生不是因为拿了一张文凭就可以成为人才，该文凭只不过证明其具备培养成人才的潜力而已！

　　现在，有很多的企业在用人上有一种不正确的倾向，那就是只重文凭不管能力。员工为了评职称、获文凭，出现了不少学非所用，甚至学与用干脆不沾边的现象。这样培养开发人才的投资就效用不大，就非常不经济。要克服这种现象，企业领导首先要注重培养为企业建设与发展所需要的人才，在人才培养、考核选用上，在根据人才进行经济分配上都要有一个企业家的战略眼光。

　　人才开发一旦投入，就一定要为企业的建设与发展服务。只有这样，才能使企业全体人员看到美好的未来，自己也有成长和"想象"空间，才能静下心来更好地为企业创造效益、提高效益贡献自己的才智。

　　经济地使用人才，尽量倡导一专多能。为了提高工作效率，很多企业往往分工明确，他们希望专业的工作能带来更好的效果。然而执行过程中却常常因为分工过细造成了工作中的扯皮现象，反而严重影响了工作效率。

　　比如工艺人员操作中发现设备停机了，只好停止工作，通知并等待设备人员前来处理，结果派来的是机械方面的人员，但实际却是电气方面的问题，只好再等电气人员来处理。

　　一来二往，停机时间在成倍地加长，这对于现代化的流水线型生产企业是相当忌讳的事情。最后电气人员检查发现只是保险丝熔断而已。客观看来，谁也没错，谁都在尽职尽责地工作，但事实上工作效果并不佳。

记得上大学时，有一位老师提出来这样一个问题："如果一个紧急的交通路段发生了大事故，现在报社需要派人去采访、拍摄，那么，你们怎么样安排人手呢？"

当时，我们的回答很多，有人说："安排三个人就可以了，一个人去负责摄影，再安排一个司机，负责开车，最后当然少不了一个记者了，让他看一下现场，然后回来写稿。"

我们大家都觉得合理的时候，老师摇了摇头。后来我们又提出各种各样的答案，我们把人手安排的越来越多，老师越来越不满意。

最后，老师给的答案，让我们所有的学生都感到非常羞愧，因为老师说："完成一个紧急的采访，可以只安排一个人去，只要这个人是人才，他自己就能拍摄好，他也会写稿，并且他自己就会开车。"

说到这里，还是要回到我们的问题上，为什么有的时候，工作安排貌似井井有条，但是结果却并不能让人满意，问题不能迅速解决，工作没有效率和成果呢？

在这里我们要提到一个新的词语——工作富集化。所谓"工作富集化"，是要求企业职工具有一专多能的工作能力，在担负专一工作的情况下，再完成某些边缘性工作。这是能够人尽其才，克服边缘工作的扯皮现象，努力提高劳动生产率的可行办法。试想，在前面的例子中，工艺人员如果能够很好地熟悉自己的设备，懂得简单的点检、维护和保养技能，那么就不会发生停机时间很长的现象了。

有效的利用人才，主要是避免人才浪费。不少企业注意浪费问题，提倡节约资源，对纸张、水电等显而易见的东西很是节俭，这很好。但也有不少企业对人才的浪费却是熟视无睹，殊不知这才是最大的浪费，因为人才的浪费导致的经济损失是最大的。那么，如何才能才能让人才发挥最大的作用呢？这就要求我们的企业要做到知人善任，做到人尽其才，这样才能挖掘出人才的最大价值。

在企业中，领导者要具有管理人才的能力，要知人善任，不要意气用事，这样才能避免人才浪费。比如，一个领导因为不满意某人做的某件事情，就全面否定这个人，给他轻易调换工作。这样就只能是埋没他的才能，让他的技术、技能得不到合理的运用和开发。

每个领导者都要会算一笔经济账，那就是损失了一个人才，要花多少投资来弥补这个空缺。所以说，要避免这种不必要的损失，企业一定要有整体的眼光，从长远的角度考虑问题。

在有些企业，一些领导者不注重良好而科学的人才结构，导致现在专业性很强的工作技术接替方面出现问题，从而出现生产技术滑坡或技术失误。而要弥补这样的技术断层需要更多的投入和更长的时间，代价是很大的，这也是不能经济的利用人才的表现。

总之，企业的人才在开发、培养和使用方面有很大的发挥空间。一个企业家要想选贤任能、杜绝浪费，做到人尽其才，让职工发挥全部的聪明才智和积极性，就要具备的领导艺术，更要注重企业"人本"思想观念。

注意力经济学——怎样让别人注意自己

> 我们生活在一个信息环境中，更为确切地说，我们是生活在一
> 个由注意力经济构筑的信息环境中。注意力之所以成为重要的资源，
> 成为消费品，是因为它具有使用价值，而且是具有广泛的使用价值。

如果看到注意力经济这个题目，还没有引起你的注意的话，那么现在，我要和你谈一谈，有关薪水和加薪的问题。

薪水是反映工作能力和成就的最直观的标尺之一。不管你是享乐派还是工作狂，想要涨薪水总是难免的。要想涨薪水，无外乎是等着老板主动加薪和主动找老板加薪两条路。最理想的结果当然是老板下查民情，体恤员工，主动地、乐呵呵地给你涨薪水了。

当你努力工作，尽力表现，夜夜想象着明天一早老板把你叫进办公室，和蔼可亲地对你说：辛苦了，做得不错，我决定给你加薪。苦苦期盼，这个激动的时刻却一直没有到来。老板会考虑给你加薪吗？

当你有这个想法的时候，也许会感觉到头疼了，因为你会担心提出加薪后，老板会有什么反应。如果，当你终于鼓足勇气和老板谈薪水的时候，你发现老板根本没有注意到你，也不知道你究竟是不是对公司的未来有着重要的意义，那么这时候，真正会让你头疼的时刻就要到了。

我们生活在一个信息环境中，更为确切地说，我们是生活在一个由注意力经济构筑的信息环境中。注意力之所以成为重要的资源，成为消费品，

是因为它具有使用价值，而且是具有广泛的使用价值。

著名的诺贝尔奖获得者赫伯特·西蒙在对当今经济发展趋势进行预测时也指出："随着信息的发展，有价值的不是信息，而是注意力。"这种观点被 IT 业和管理界形象地描述为"注意力经济"。

如果我们谈论"车"字，会想到什么？一个汽车的形象。我们已经把注意力转化为思想。这是个简单的例子，但却是有力的说明。

所谓注意力，就是指人们关注一个主题、一个事件、一种行为和多种信息的持久程度。

足球明星贝克汉姆谱写了一个堪称现代最完美的童话：英国最年轻的勋爵、足球场上最锋利的"尖刀"、女性心目中最完美的王子。可以这么说，贝克汉姆在商业运作和成功包装下，最大程度地吸引了人们的眼球，吸引了人们极有限的注意力。

为什么一本《财富》杂志就能把世界 300 多家的老板邀到上海，在短短 3 天内发布广告就赚了 1000 万元？

为什么当年一集《还珠格格》播映权卖了 58 万元天价，48 集卖了 2700多万元，在全国仅 10 个省就可以卖到 2 亿多元？

为什么雅虎、搜狐等公司几乎是一夜之间在网上形成几十亿美元的资产？

"注意力经济"这一营销新概念对上述现象给予了很好的注解。

托马斯·达文波特在新著《注意力经济》中指出："在新的经济下，注意力本身就是财产"，"现在金钱开始与注意力一起流动。或者更通俗地讲，在经济转型之际，原有的财富将更自然地流向新经济的持有者"，"如果金钱真能有效购买注意力，那么我们要做的就是付给你一定的钱，让你全神贯注地听讲。但若有人想获取你的注意力，他不可能依靠付钱的方式来真正获得。虽然金钱流向注意力，但注意力很难流向金钱"。

注意力形成经济，争夺眼球形成竞争，这已是世界不争的理论和事实。早在 1996 年英特尔的前总裁葛鲁夫就提出：争夺眼球的竞争。他认为：整个世界将会展开争夺眼球的战役，谁能吸引更多的注意力，谁就能成为下世纪的主宰。

注意力具有它特有的几个特点：一、它只针对一种事物，无法让其他事物共享和复制；二、它不是每个事物所具备的，因此是有限、稀缺的；三、它有易从众的特点，受众可以相互交流、相互影响；四、注意力是可以传递的，比如用名人做广告，就是把受众的注意力由名人转到他们所做的广告物——产品；五、注意力不会直接创造经济价值，它所创造的价值是间接体现的。

在把注意力转化为经济价值的过程中，媒体起了创造注意力的作用，同时又通过注意力价值获取了利润，所以传媒经济就是以注意力为基础的经济。但在当今这个信息过剩的社会，把别人的注意力吸引到一起往往能产生商业价值，获得经济利益，因此在经济上，注意力通常又会成为一种经济资源。

进一步说，注意力经济是指最大限度地吸引用户或消费者的注意力，通过培养潜在的消费群体，以期获得最大的未来商业利益的经济模式。在这种新的经济状态中，最重要的资源既不是货币资本，也不是信息本身，而是大众的关注程度，只有大众对某种产品注意了，他们才可能去购买该产品。而要吸引大众的注意力，最重要的手段之一就是视觉上的争夺，因此，注意力经济也被称为是"眼球经济"。

当今时代是一个崇尚创新的时代，是一个崇拜力量和敬仰造势的时代，任何和庞大有力、引人注目等有关联的事物本身就是成功的一种标志。因此，能有效利用这种"注意力经济"来吸引他人，才能让自己快速的壮大起来。

尤其对于女性来说，充分利用"注意力经济"更加重要，女性在长期由男性主导的职场环境中，要分半壁江山，不妨从了解男性的职场游戏规则开始，试着像男性那样思考和行事。

就比如说利用"注意力经济"的观点，主动出击赢得注意力，男性惯于主导职场环境，一有机会便很自然地推荐自己，争取表现的机会，扮演火车头的角色。

相较之下，女性比较习惯默默耕耘，等待主管的赏识。所以，女性朋友们不要孤芳自赏，整天努力工作，然后待在办公室内，以为老板一定知道自己为公司鞠躬尽瘁。老板是不会注意的，除非你主动出击。你可以主动定期向老板报告团队的最新工作绩效，反映自己优秀的领导能力。

智猪博弈论——你是"大猪"，还是"小猪"

> 小企业给人更多的是朝不保夕的不安定感、强烈的危机感和由此带来的恐惧和紧张。企业的活力从哪里来，往往从危机感中来，小企业独具的员工不安定感和危机感，也许能让人期待更完美的表现。

在经济学理论中，有一个著名的"智猪博弈论"。说猪圈里有两头猪，一头大猪，一头小猪。猪圈一边有个踏板，每踩一下踏板，在远离踏板的另一端的投食口就会落下少量食物。如果有一只猪去踩踏板，另一只猪就会有机会抢先吃到落下来的食物。当小猪踩动踏板时，大猪会在小猪跑到食槽之前刚好吃光所有的食物；若是大猪踩动了踏板，则还有机会在小猪未吃完落下的食物之前跑到食槽，争到另一半残羹。

那么，两只猪各采取什么策略？小猪会选择舒舒服服地等在食槽边；而大猪则为一点残羹不知疲倦地奔忙于踏板和食槽之间。在这个例子中，无论大猪是否踩动踏板，不去踩踏板总比踩踏板好。明知小猪不会去踩踏板，但是去踩踏板总比不踩强，所以只好亲力亲为了。

在这个博弈中，小猪是具有选择优势的，无论大猪是选择行动还是等待，小猪的最优选择都是等待——行动只会让它白白消耗能量。而大猪则不同，对它来说，选择行动优于等待。因此，最佳的方案是大猪行动，小猪等待。

打个比方来说，在许多行业中，大企业相当于大猪，中小企业相当于小猪。踩踏板相当于进行技术创新，所得到的好处就是流出的猪食。大企业生产能力强，资金雄厚，市场营销能力强，因此更加有能力进行技术创新，推出一种新产品以后可以大量生产，迅速占领市场从而获取高额利润。而小企业的最优选择就是等待大企业技术创新之后，跟在大企业之后，抢占市场份额，从这种创新中获得一点利益。

表面上看来，在这场大猪与小猪的博弈中，小猪似乎占有灵活便捷的优势，大猪则处于劣势，实际上大企业还是具备了很多小企业没有的优势。

不可否认的是，大企业有相对优越的办公环境、优厚的福利待遇、完备的规章制度、完善的培训体系、明确的晋升通道、强大的品牌形象等。小企业由于自身还在发展阶段，很多东西不完善，有些企业还处在生存期，风雨飘摇，动荡不安。

当然，也不能因为"小猪"的条件不如"大猪"，就觉得"小猪"没有发展，要知道正是因为小企业给人更多的是朝不保夕的不安定感、强烈的危机感和由此带来的恐惧和紧张。所以小企业，更加具备发展的"活力"。大企业是航母、小企业是小舢板，这两者之间抗市场风浪的能力是截然不同的。所以这两艘船上的"乘客"的感受肯定也是完全不一样的。

"智猪博弈"的故事给了竞争中的弱小者以等待为最佳策略的启发。

在小企业经营中，学会"搭便车"是一个精明的职业经理要具备的一项素质。在一定的时期如果能注意等待，让有实力的大企业首先开发市场，也是一种明智之举。

其实员工与企业之间也是一个"智猪博弈"的过程。不过在这里，企业是"小猪"，具有选择优势，而员工是"大猪"，必须不停奔波。正如富兰克林所说，是"你追求工作，不是工作追求你"。

我们来详细分析一下为什么员工是"大猪"，企业是"小猪"。

在员工与企业的博弈中，员工有两种选择，努力工作和敷衍工作。如果员工努力工作，那么企业和自己都受益；如果敷衍工作，给多少钱干多少活，久而久之，不是你选择辞职，就是企业对你不满意而辞退你，你的收益自然大受损失。就如博弈中的"大猪"，只有行动才有收益，不行动则不受益，甚至受损。

企业也有两种选择，要么主动激励员工——这样风险很大，收益为负数。因此，很少有企业会作出这样的决定；要么选择等待，等待员工行动，如果单个员工不主动积极工作，企业也能维持基本的运转，收益并不受损，即使员工辞职，也会立刻有人来补充这个岗位，对收益没有太大的影响。因此，企业具有选择等待的优势，相当于博弈中的"小猪"。

所以，我们不难看出，在员工与企业的博弈中，员工是大猪，企业是小猪，企业占据着主动优势。所以一个聪明的员工应该选择在工作中多付出，为工作付出越多，得到的利益也越多。否则，受伤害的是员工自己。

第五章

企业管理中的经济学

企业管理——它山之石，可以攻玉

大家都知道现代化的管理体系必须具有开放性，这种开放性是指要不断学习、借鉴国外的先进经验。但是，如果学习别人，从最初的一概否定到后来的盲目迷信、全盘照搬，我们为此付了不少学费，也许还会变得水土不服。

"它山之石，可以攻玉"源于《诗·小雅·鹤鸣》。它表面的意思是说，别的山上的石头可以作为砺石，用来琢磨玉器。指的是他人的做法或意见能够帮助自己改正错误缺点或提供借鉴。

成功只属于勤奋的智者。智者是通过勤奋培养的，如果只是像埋头耕作的老牛那样，仅仅勤奋而不思考也是不行的，因为思想的勤奋比行动更重要。

然而，所谓的智慧如果仅仅停留在胚胎状态，是远远不够的，那只是一种萌芽。人要成为智者，还要在此基础上进一步激活、充实、完善、成长。在这个成长过程中，人们要从自己生活经历中不断地积累生活阅历、反思言行品质、汲取优良道德、总结发展经验，最终把自己打造成为具有高尚思想道德、科学人生观念、健康心理素质和较高文化素养的"智者"。

从个人的职业生涯来说，如果只从自己生活经历获取直接经验，而不去学习别人的间接经验，那么我们的智慧只能永远停留在类人猿时代，也就是自我认知时代，那将是一种非常有限、非常缓慢也非常肤浅的"智慧"。

可以想见，如果人类永远都处于个体自我认知的阶段，现代高科技、高信息、高发展的人类社会又怎么能出现呢？

对于企业管理同样如此，必须用开放性的心态，不断地增加新内容，企业才会有突飞猛进的发展。

要注意的是，不要让"它山之石"磨坏了自己的"美玉"。

例如，大家都知道现代化的管理体系必须具有开放性，这种开放性是指要不断学习、借鉴国外的先进经验。但是，如果学习别人时盲目迷信、全盘照搬，可能会出现水土不服的问题。

企业组织本身，也是一个完整的系统。在其内部不同的工作之间，也存在着紧密的联系和依存关系。并且下属员工在思维方式、行事方式上还存在一定的连续性和惯性。如果管理体系不完整，管理方法和措施没有一套完整的价值观念和理论予以整合，方法和方法之间，措施和措施之间，不免相互冲突、相互矛盾。

这就必然使被管理者在做工作的过程中不知所措，也无法自主判断和协调自己所做的工作的相互关系，以及自己的工作与他人的工作的相互关系。因而也就难以保证下属员工做好工作，管理的目的也就难以达成。

在现实中，很多企业也都重视管理，并千方百计地学习他人好的管理经验，但总是难以取得预期的效果。其原因就在于零碎的不成体系的管理方法和措施所固有的局限，不能完整地组织好自己管理工作中的各个方面，并实现彼此协调。

人力资源管理——先学留人再用人

个性化管理还要引申的一点是，不但要做到事业留人、感情留人、待遇留人，还要加上一条，投资留人。企业应该把对员工的教育放到企业的薪酬体系中去，把对员工进行不断的知识更新看成是企业的一项福利。

有多少人，能挺过试用期；有多少企业，能够留住人？

朋友老王是主管销售工作的副总经理，有着较丰富的管理经验和较好的社会关系网，在大型企业中做过多年的高级管理工作。后来，他退休了，虽然他依然享受着良好的物质生活，但是老王觉得自己还能够发挥余热，进行社会工作，实现自我价值。于是他通过网上投简历，立即被一家企业选中。按理说，他会在企业中做得很出色的，可不到两个月，还没有过试用期，他便说自己不适应民营企业，主动辞职离开了企业。

问他为什么，他直言不讳地说，对于他而言，经济问题已经不是问题了，所以他最在乎的是在一个和谐的环境中得到良好的发挥。私企工作环境不好，压力还非常大，常常要求加班，说是每天 8 小时工作时间，可是大家都是 12 小时的运作。老王说，不能为了钱丢了健康，于是他就不顾领导的挽留，毅然辞职了。

许多企业没少招聘人才，可是人员的流失真是有些让人感到"后怕"。现在的企业员工流失过快，企业留人难的问题已经成为企业发展的一大难题。是企业的理念出了问题？是企业的经营思路出现了问题？是企业文化出现了问题？

企业在发展之初，通常只有几个人，经过一段时间的发展，企业规模扩大，必然需要添加人手，需要引进不同的人才，进行分工协作，以取得更大的发展。

而企业在招聘方面应该注意什么，如何让这些招聘的优秀人才留下来为企业服务，就成了每一个企业都面临的大问题。如果企业有一套完整的招人、用人、留人管理机制，就能使企业在这方面把损失降到最低。

要做好人事工作，企业必须注意一下几点。

第一，企业应该有长远的眼光，能够预测得出未来企业在发展过程中需要的新岗位，并对这些岗位的工作性质、职责范围等进行分析，为招聘做好充分的准备工作。在招聘新员工时，应该注重他们的经验能力，因为这对企业是最重要的。一些企业在招聘的时候，总是注重学历，把学历看做是企业发展的"法宝"，这种做法是错误的。

当然对于职位的学历需要，也要通过实际的岗位来分析。操作性很强的职位，需要更多的是技能，所以学历是次要的，能胜任这份工作并把它干好就行了；一些管理类职位，经验和能力是第一位的，通常要求应聘者要有很丰富的管理经验，而学历的要求较高一点，也是为了适应工作。一个刚毕业大学生，找到一份合适的工作时学历所起的作用可能很大，但是当有一定的工作经验时，他们就不会再去刻意学历去做自己的敲门砖。所以企业也应该注意分析应聘者的一些具体情况。

第二，在用人方面，企业应该有敏锐的眼光，做到把人才利用得恰到好处，总结起来就是八个字——人尽其才、才尽其用。

公司用某个人是因为他有自身的价值，能够为公司服务，如果某个员工在公司没有了可被利用的价值，那么他也就下岗了，对于企业而言，对于有能力，有才干的人，要加倍重视他们，给他们施展的空间，让他们充分发挥他们的专长为企业创造最大的效益。

企业在用人方面如果不注意考虑应聘者的感受，就可能导致他们离开企业，造成企业生产中断，使企业蒙受损失。所以企业要考虑长久留人。让那些通过企业付出了很大成本的人才留下来，为企业所用，才使企业应该首要考虑的。试想一下一个人一年的工资是五十万，那他为公司创造的价值可能是五百万甚至更多。这样的员工辞职对企业的损失无法估量。因为人才是企业竞争的核心，人才是决定企业存亡的关键所在，所以每个企业都应该考虑如何去用人，如何去留住人。

最后，要提倡的一点是企业应该尽量采取"人性化管理"，办公室气氛、工作中的人际关系、上下级关系等"软"环境对员工也有着巨大的影响，例如：与同事共同工作的频率、职场友谊，以及在工作中获得的情感支持，才是预测员工工作满意度的有效指标。可见那些以为只要付钱，就可以任意对员工颐指气使的老板或经理人，才是让员工心凉并决定离开的原因之一。

强调人性化管理不但要做到事业留人、感情留人、待遇留人，还要加上一条，投资留人。员工就像花园里的花草，要让他们每年都开花，就需要不断地投入——浇水、施肥、除虫。企业应该把对员工的教育放到企业的薪酬体系中去，把对员工进行不断的知识更新看成是企业的一项福利。

职工对知识的渴求是非常巨大的，他们有对实现人生价值的追求。例如，部分职工并没有留恋眼前这份舒适的工作和还算不错的薪水，他们放弃了这里的工作，选择了考取研究生等其他路。所以，企业应该明确地认识到要进行智力投资，要进行岗位培训，要让职工从不断的学习中，爱上企业，以企业为家。

沉没成本——覆水难收不必收

> 多数人总是把注意力放在直接的损失上，而人们却常常忽视自己的机会成本。实际上，沉没成本的损失是人生中最大的浪费。

假设你刚刚花 5000 元买了一台时兴的电脑，但两星期之后，生产厂商就宣布一种性能高出一倍的新型电脑问世，而且只卖 3000 元，你会怎么做呢？

经济学家认为，最理智的做法是，如果新的电脑在性能上真有那么优越，那就应该坚决去换一台回来，已经付出的 5000 元绝对要忽略不计。经济学家为这类抉择提供了思路，他们称之为"沉没成本"。

"沉没成本"指的是人们在决定是否去做一件事情的时候，不仅是看这件事对自己有没有好处，而且也看过去是不是已经在这件事情上有过投入。我们把这些已经发生不可收回的支出，如时间、金钱、精力等，称为沉没成本。

也就是说，如果有一笔已经付出的开支，无论作出何种选择都不能被收回，具有理智的人只能忽略它，这种成本就称为"沉没成本"。但事实上，生活中的消费者差不多都没有这种爽快劲儿。他们或许认为，电脑的升级换代极快，跟风是跟不赢的；或者会沉浸在不情愿多付 3000 元的懊恼里；或者干脆对新性能电脑视而不见。

在日常生活与工作中，我们都难免会有为这些沉没成本而心有不甘的时候，结果是因为没有及时作出决断而产生更大的损失或失去更多的机会。

有这样一个走入沉没成本误区的人。他每天上班的时候都要从居家的生活区坐车到一个地方去换车到公司。从家出发有四趟公交车可以到换车点，然后有两个选择：一是直接在换车点坐上大公交，但是不能直达公司，要徒步经过一个超市和一个早市，大约要用10分钟；二是在换车点转过一个街角，大约30米开外，坐小巴士直接到公司。虽然小巴士每班之间时间较长，也不很准时，但因为通常要提着电脑和午餐盒，穿行过早市不是很方便，所以他通常选择坐小巴士。

可是有时候会出现这种情况：他等了很久，始终也不见小巴士的踪影，但他想着自己都已经等了这么长时间了就再等等吧，凭经验在7点40分前坐上巴士一般是不会迟到的。一旦过了7点40分，就只好打的，可是这个时候，明明刚才还一辆辆空着从面前经过的的士，这时却很难叫到了。最不幸的结果就是打了的，他还是迟到了，不仅要被罚款，而且还失去了得满勤奖的机会。

其实，他等车已投入的那段时间成本，对他作出是否换车或打车的决策是不相关的。他要考虑的是换了新的交通方式，是否不会迟到或付出更大的经济成本。他让已不可控的因素影响了自己当前的决策，造成了更大损失的可能。

生活中，很多人会有这样的经历，就是对隔夜的剩菜不知怎么处理。倒掉好像有些不合节俭持家之道，吃下去也许会拉肚子。习惯一经养成，改起来可就难了。很多勤俭持家的主妇会在晚饭即将结束时望着晚餐的饭桌犹豫，多余的那一口吃还是不吃？放到明天肯定是扔，所以多半会趁着色香味尚美时强塞下去，这样一来，"发福"也就成了理所当然的事。

有的家庭希望孩子学钢琴，花了不少钱给孩子买了钢琴，结果没几天小孩子就厌倦了；家长看到投资就要成为废品，于是就请来家庭教师。同时，又给孩子报更贵的班，并且威逼利诱。最后逼得孩子见钢琴就反感，对父母产生怨恨，这也是掉进沉没成本的深渊。

其实面对这种情况，投资成本是无法收回了，只能加以忽略。珍惜它的结果是反倒付出更多。遗憾的是，生活中这等干脆爽快理智的人或许并不是很多。经济学所要求的这种理智，是需要培养的。

在企业内训中，"沉没成本"的事例也不少见。例如，当我们觉得某个培训项目既然已经这么做了，投入这么些成本去开发、去推广，哪怕它的适用性不太高，改进的事就放到明年再说吧。结果就是，受训部门越来越不喜欢自己公司的内训机构，越来越推崇外聘的讲师了。这样的做法，实在不高明。如果交给经济学家处理，一定不会是这样的现象。

例如，你和一位经济学家同时预订了一张电影票，已经付了票款且假设不能退票。后来，你们同时不想看电影了，对于你来说，很有可能硬着头皮去看电影，明明看电影是为了得到好心情，但是此时却没有好心情。但是对于经济学家来说，付的价钱已经不能收回，就算不看电影钱也收不回来，电影票的价钱算做沉没成本。那么，他当前的决定应该是基于是否想继续看这部电影，而不是为这部电影付了多少钱。经济学家们往往宁愿只是花了点冤枉钱，而不要继续受冤枉罪。

在企业管理中，这一点更加重要。现实经济中，骑虎难下的投资项目比比皆是，到底是继续投资还是毅然退出，这要求企业有一套科学的投资决策体系，需要决策者从技术、财务、市场前景和产业发展方向等方面对项目作出准确判断。

企业管理也是一项复杂的系统工程，难免有管理漏洞，难免会发生一些沉没成本。正所谓"失之东隅，得之桑榆"。如果我们用沉没成本的概念来认识企业管理，从这些成本中吸取经验教训并积极整改，我们的经营管理工作就会少走很多弯路，这样就会使企业经营管理之路越走越宽。

阿罗不可能性定理——"少数服从多数"的危险

现代企业管理不是靠领导的威望和权力，主要靠规范的管理，靠法治。企业管理中常规的民主集中制、少数服从多数的思想，在现代的管理机制中不再发挥主要作用，企业经营者不是强人，而是能够决断的人，所以，那些思想的少数人也应该得到好的赏识。

很多读者读到"阿罗不可能性定理"这个词时，可能会比较陌生。它是什么意思呢？阿罗不可能性定理是指，如果众多的社会成员具有不同的偏好，而社会又有多种备选方案，那么在民主的制度下不可能得到令所有的人都满意的结果。

关于这个定理，经济学中有一个经典案例，是这样说的：有甲、乙、丙三人是分别多年的好朋友，分别来自中国、日本和美国。三人久别重逢，欣喜之余，决定一起吃饭叙旧。但是，不同的文化背景形成了他们不同的饮食习惯，因而对餐饮的要求各不相同，风格各异。

甲的倾向是中餐、西餐、日本餐；

乙倾向于日本餐、中餐、西餐；

丙的倾向是西餐、日本餐、中餐。

如果用民主的多数表决方式，首先，在中餐和西餐中选择，甲、乙喜欢中餐，丙喜欢西餐；然后，在西餐和日本餐中选择，甲、丙喜欢西餐，乙喜欢日本餐；最后，在中餐和日本餐中选择，乙、丙喜欢日本餐，甲喜欢中餐。

三个人的最终表决结果如下：是中餐多于西餐，西餐多于日本餐，日本餐多于中餐。这就是说利用少数服从多数的投票机制，将产生不出一个令所有人满意的结论。

在企业管理中也是如此，不能实现这种让人人满意的情况，而且，少数服从多数也是非常危险的。

关于"少数服从多数"的危险性，我们还是先看看旅鼠的故事吧。旅鼠是生活在寒冷的北极地区的一种小动物，灰黑色的毛，长相和普通田鼠没有多大区别，它吸引人的特点也就在它奇特的旅行上。

旅鼠从四面八方聚集到一起，向着一个方向行进。行进过程中队伍不断扩大，数量多时可以达到数百万只，真是漫山遍野。旅鼠的大军昼夜兼程，不停地跑，山岭沟壑都不能阻挡它们前进，就这样它们一直跑到海边。

面前是波涛滚滚的汪洋大海，可能是由于长期跋涉，旅鼠们已经没有了判断力，它们只是机械地跟随队伍。最后，一个可怕的现象发生了，它们一群一群地朝大海里跳去，最后全部葬身大海，结束了旅程也结束了自己的生命。

这里，就出现了一个问题，那就是盲从，也就是"少数服从多数"的危害是非常大的。

那么，什么是阿罗不可能性定理呢？阿罗不可能性定理是指，如果众多的社会成员具有不同的偏好，而社会又有多种备选方案，那么在民主的制度下不可能得到令所有人都满意的结果。此定理是由 1972 年度诺贝尔经济学奖获得者美国经济学家肯尼思·J.阿罗提出的。它在经济学中有着广泛的应用。

当前，我们的企业虽然在形式上已由计划经济体制转变到了市场经济体制，但实际上还有许多问题需要解决。现代企业制度对企业的机制和制度都提出新的要求，企业管理正由一人化向组织化转变，由经验化向制度化转变，由原来的硬管理转向软管理，由人治转向法治，继而由法治转向文治。

原来企业中一个人说了算、靠经验管理的模式逐步被淘汰，科学、先进、规范的管理制度和管理标准逐步成为企业中的权威。这就像足球比赛一样，在场上真正的权威不是教练，也不是裁判，而是足球比赛的规则。这是谁也不能违反的，违反了就要受到处罚。现代企业经营管理中，也同样存在这样的规则，企业经营者仅是这个规则的执行者和改进者。

因此，现代企业管理不是靠领导的威望和权力，主要靠规范的管理，靠法治。企业管理中常规的民主集中制、少数服从多数的思想在某些区域不再发挥主要作用，企业经营者不是强人，而是管理者，用最时髦的话说是知本家——以知识为本钱的管理者。

试想一下：企业的大事、小事都由总经理来审批、来处理、来拿主意、来下结论，总经理能应付得了吗？企业的员工、中基层管理者凡事都请示、都汇报、都不思考、都等待领导审批，他们是干什么的？

这是企业的规则出了问题。第一，规则本身太烦琐，条条框框太多，使大家工作起来缩手缩脚，难有作为。总经理没有精力研究企业发展决策、战略，基层管理人员不能很好地发挥自身潜力。第二，规则的执行出现了偏差，人为因素太多。遇到问题不去参照有关制度，不去调查市场，不去研究分析，而是开会讨论。开会的确能解决不少不好解决的问题，但凡事都要开会来解决，这就是大问题了。

因此，建立现代企业制度，实行创新型管理，不仅是市场经济的必然要求，是企业自身发展的需要，同时也是广大企业职工的殷切希望。

想要成功的企业必须发挥企业中每一个人的主动性，以才华和能力的考核作为企业决策的标准。

帕累托最优——利己而不损人的"理想王国"

　　一个炽热的星期天下午，刚从郊外度假回来的人们将公路堵得水泄不通。原因是有个床垫从一辆车上掉了下来，堵了一条小路，从而所有路上的车都慢了下来，此时有个好心人正好路过，他把床垫搬走了，所有人都受益。

　　最早深入分析这个问题的是意大利经济学家维尔弗雷多·帕累托，他提出了著名的"帕累托最优"法则，这成为福利经济学的最高理想。

　　这个问题主要讨论的是，能不能实现全体社会的最优。帕累托说，如果可以找到一种资源配置方法，在其他人的境况没有变坏的情况下使一些人的境况变得好一些，那么这就是帕累托改进，如果不存在任何改进了，那就是帕累托最优。

　　达到帕累托最优，会出现三种情况，首先是交换最优，含义是即使再交易，个人也不能从中得到更大的利益。此时对任意两个消费者，任意两种商品的边际替代率是相同的，且两个消费者的效用同时得到最大化。

　　例如，杰克拥有一套城区的房子，交通方便但比较喧闹，而露丝拥有一套郊区的房子，风景不错但交通不便。如果双方交换一下，那么大家都能够获得满意，因此这样的交换能够使双方都获得好处而不损害他人的利益，这样的交换就是帕累托的"理想王国"。

　　其次是生产最优，指的是这个经济体必须在自己的生产可能性边界上。

此时对任意两个生产不同产品的生产者，需要投入的两种生产要素的边际技术替代率是相同的，且两个消费者的产量同时得到最大化。

最后是产品混合最优，指经济体产出产品的组合必须反映消费者的偏好。此时任意两种商品之间的边际替代率必须与任何生产者在这两种商品之间的边际产品转换率相同。

在企业管理中，帕累托的核心是能在不使任何人境况变坏的情况下，改进人们的处境。事实上，帕累托改进只有在理想条件下才能实现。有时候，人们提出的即便只是一个微小的改进方案，实现起来都异常困难。

因为要达到帕累托，需要达到三个隐含的前提。

第一，它假定社会中每个成员的权利是相同的，如果损害某人而让别人得益就不是帕累托最优。它的深刻含义是市场经济是一个人人平等的经济。在被帝王贵族统治下的经济，统治者的地位高于被统治者，因而那里不可能实现市场经济。

第二，在市场经济中帕累托的最优取决于每个人的初始资源，包括个人的天分，家庭和受教育的环境，从上一辈得到的遗产等。所以市场经济承认每个人所达到的富裕程度的差异，这种差异是因为每个人参与到市场中来时的起始点不同。

第三，假定每个人的幸福仅仅取决于他所享受的物质条件。这一前提使得市场经济中的每个人都能享受到越来越丰富的物质条件。但他们是否一定更幸福则未必，因为每个人的幸福感还与其他因素有关。

例如，在我们的日常生活中，配置资源最常用的一种方式就是人们排队等候，也就是先到先得，这种排队方式在我们周围随处可见。让我们想象这样一种情形，几个人拎着水桶在一个水龙头前面排队打水，水桶有大有小，他们怎样排队，才能使得总的排队时间最短？

几乎不用思考，常识告诉我们，大桶接水的时间较长，小桶接水的时间较短，因此排队打水的最优方案是：人们按照水桶的大小，从小到大排队。这样安排，花在排队上面的总的时间将最短。

因为目标是节省总的排队时间，因此我们认为这样的方案能够达到最优。可是这样的方案能实现吗？让拎大桶者换到后面去，虽然许多人能从中获益，但是拎大桶者本人排队的时间变长了，尽管这样的改进能够使全体的排队时间缩短，并且即使拎大桶者也明白这个道理，可是以个人的损失带来集体的有效率，这样的做法不满足帕累托最优，况且也是无法实现的。

所以，我们说帕累托最优，要想做到利己不损人，只是人们美好的想象而已。排队打水利用这一原则虽然提高了效率，却忽略了公平，因为它与我们熟悉的"先到先得"的原则相冲突了。况且在理性的前提下，尽管总体效率会改善，但是有人会受到损失，因此这样的帕累托改善是无法实现的。

和所有的排队一样，"先到先得"的原则暗合了人们对公平的追求，但是，如果有人说，他愿意花钱购买排在前面的权利，这样做可以吗？

假想一个没有红绿灯的十字路口，如果别人抢行，你不抢行，那么你将永远无法通过路口，但是如果人人都抢行，将造成交通阻塞，结果还是谁也无法通过路口。

在企业管理中也是如此，如果大家都追求效率，那么社会将没有效率。这里似乎公平与效率的矛盾已经变成个人与集体的矛盾，通常个人从理性出发追求效率，而集体必须更加关注公平，个人与集体的矛盾也使经济学家们有了更广阔的空间。

在这里，每一个企业管理者都应该关注这样的一个现象，那就是必须鼓励员工进行改变与创新。在集体中，一个积极的个体的努力就会给集体带来效率的改进。

经济学家托马斯·谢林讲述了这样一个生动的故事："一个炽热的星期

天下午，刚从郊外度假回来的人们将公路堵得水泄不通。原因是有个床垫从一辆车上掉了下来，堵了一条小路，从而所有路上的车都慢了下来，此时有个好心人正好路过，他把床垫搬走了，所有人都受益。"

如果企业里的每一个员工都能以企业发展为己任，这样才能让自己的集体真正有所发展！

杰米扬的汤——边际效应递减

从某种意义上来说，边际效应打破了人们原有的思维，也就是"投入—产出"的惯用模式。当处在某处"边际"时，这一模式失效了。

俄国的克雷洛夫是一个大寓言家。他曾经讲过这样一个故事：

有一个人叫杰米扬，他特别会做汤，所以他也以此为荣。每当朋友到他家做客的时候，杰米扬必然要给客人做汤。这一天，一个朋友来他家做客，他给朋友调制了一盆味道非常好的汤。朋友很快就喝完了盛上来的第一碗汤。还没等朋友说话呢，杰米扬马上大声说，真是美味的汤，再来一碗！说着立刻为朋友盛上了第二碗汤，朋友和杰米扬一边聊天一边喝汤，一会儿这碗汤也被喝了下去。杰米扬马上为朋友盛来了第三碗汤，朋友说喝不下去了，杰米扬却说，我的汤很好喝，喝吧！朋友勉强又喝下了这第三碗汤。杰米扬没等朋友说话呢，就说再喝一碗吧，多么好喝的汤啊！结果朋友连饭也没吃，酒也没喝，被杰米扬的汤吓得落荒而逃……

克雷洛夫的这个故事是讽刺当时俄国文坛那些自以为是的作家的，他们把毫无新意的作品推向社会，还自吹自擂，克雷洛夫把这一类作家的作品就称为杰米扬的汤。

边际效应，有时也称为边际贡献，是指消费者在逐次增加一个单位消费品的时候，带来的单位效用是逐渐递减的。

我们也可以这样简单地解释，那就是当我们向往某事物时，情绪投入越多，第一次接触到此事物时情感体验也越为强烈，但是，第二次接触时，会淡一些，第三次，会更淡……以此发展，我们接触该事物的次数越多，我们的情感体验也越为淡漠，一步步趋向乏味。这种效应，在经济学和社会学中同样有效，这是由霍曼斯提出来的，用标准的学术语言说就是："某人在近期内重复获得相同报酬的次数越多，那么，这一报酬的追加部分对他的价值就越小。"

那么究竟是不是这样的呢？举一个例子，大家可能就能够比较生动地理解了。饿了的时候，给你拿一盘包子，你吃的时候，第一个，乃至第五个都觉得非常香。最后吃饱了，剩下几个包子再接着吃，就感觉没有之前美味了。物质消费达到了一定的程度，人们就开始对这种状况的消费产生一种厌倦的心理。

当然也有少数例外情况，嗜酒如命的人，越喝越高兴，或者集邮爱好者收藏一套邮票，那么这一套邮票中最后收集到的那张邮票的边际效应是最大的。

边际效应递减是经济学的一个基本概念，它说的是在一个以资源作为投入的企业，单位资源投入对产品产出的效用是不断递减的。换句话说，就是虽然其产出总量是递增的，但是其二阶倒数为负，使得其增长速度不断变慢，使得其最终趋于峰值，并有可能衰退。

在生活中，我们可以看到许多例子：给你一个可爱多，你高兴得乱跳以为赚了，接下来是第二个……一直给了十个，甚至十几个，都让你马上吃下去，你会觉得开始恶心了。这有两个原因：一，你吃饱了，生理不需要了；二，你吃腻了，刺激受够了。

一个小商贩在街口卖冰棒，按照他的预计，在天气十分炎热的时候，他去批发一百根冰棒。一根冰棒一块钱的成本，他卖两块钱，这样一百根冰棒，他就能赚 100 块钱。

可是在具体的操作中，会不会是这样呢？根据边际效应递减的经济学原理，我们会发现事实不是这样的。

在刚开始的时候，小商贩的思路是没错的，天气炎热的时候，大家一定会不吝惜两元钱来买的。后来，天气开始慢慢凉爽，冰棒的销量下降了，小商贩也不得不重新定制自己的价格，开始考虑 1.5 元一支，甚至当小商贩准备回家的时候 1 元卖一支冰棒的可能性也非常大。

从某种意义上来说，边际效应打破了人们原有的思维，也就是"投入—产出"的惯用模式。

当处在某处"边际"时，这一模式失效了。

既然被称为"边际效应"，也就是说它可以概括生活中的一些现象，而不仅仅限于经济学的领域。

为了解决宇航员在太空失重的情况下的书写问题，美国投入了上亿元，最后研发出了特殊的圆珠笔。而苏联却在没有投入的情况下，巧妙地解决了问题：让宇航员带支铅笔上天。如果说问题的解决作为产出的话，这中间投入的科技研发和时间，就是投入了。

从投入—产出的模式进行考核，上面的故事中出现了"边际效应"的身影。在科技高速发展的时代，在科教兴国的方针下，在科技作为生产力的理论指引下，我们如果进入"唯科学论"的思维模式，最后很有可能撞在"边际效应"南墙上。

对于这样的境界学现象，聪明的商家一定会懂得趋利避害。例如服装品牌延伸是扩大品牌影响，实现品牌边际利润，增值品牌资产，延长品牌周期，满足消费者联想需求的有效手段。

为了使最终利益能够最大化，人们在作出决策时，通常都会考虑其行为可能产生的结果如何。若发现当前的策略带来的收益增加效果不明显时，出于理性的考虑，人们就会作出合理的调整。这就是曼昆十大经济学原理之三：理性人的边际效应决策。

边际变动是导致边际收益的重要原因，它不仅存在于企业间，人们的日常生活也是如此。比如，临近考试的学生可能会更愿意多抽出一个小时的休息时间来复习功课，因为此时多付出一小时的学习收获要远远高于放弃一小时休息的成本。

经济学的边际效应无处不在，人们只要善于观察和思考，就会在生活中发现它的存在。理解这一理论将有助于人们在工作生活中更好地作出边际调整，使自己作出的每一项调整都能获得正确的边际收益。

第六章

商业经营中的经济学

庞氏骗局——高息回报的诱惑

请在投资之前，对企业业务经营状况和资信进行印证和深入了解，切莫受贪利和盲目从众的心理支配，一时头脑发热而缺乏理性的投资，招致自己财产的巨大损失。

所谓"庞氏骗局"就是以高资金回报率为许诺，骗取投资者投资，用后来投资者的投资去偿付前期投资者的欺骗行为。"庞氏骗局"是一种最古老的投资诈骗，是一种金字塔骗局的变体。因为这种骗术的"发明"者是一名叫查尔斯·庞齐的投机商人，而被命名"庞氏骗局"。

纳斯达克前主席伯纳德·马多夫是在 2008 年尾，爆发出的华尔街最大宗"庞氏骗局"，涉案总额超过 500 亿美金，达 3500 亿人民币。受骗的客户遍及美国、欧洲和亚洲，不仅包括金融机构，还有大量的实业机构和慈善业，行骗时间长达 40 年。

在我国 2018 年一年，根据国内的公布数据，全国共立非法集资案件 10000 余起，涉案金额 3000 亿元以上。

值得人们好好思考的一点是，马多夫的骗术并没有特别的地方。他一直都在玩资本的乾坤大挪移，不断地吸引投资者，用后来投资者的钱回报给以前投资者做利息。如果说其中还有一些技巧的话，那就是他对客户的严格选择。他会谨慎地挑选合格的投资者，同时定期给大客户返回稳定的利息（固定年息 10%），这使得他的证券基金看起来更专业可信；从而获得了融资圈内的优越声誉。

而马多夫本人也表演得非常精彩。他担任纳斯达克主席公职期间，工作业绩优秀，获得金融行业的好名声。其在1960年创建了伯纳德·马多夫投资证券公司，是纽约交易所第三大经纪公司，曾为包括苹果、eBay和戴尔计算机等350只纳斯达克股票提供服务，市场信用良好，同时其从事的慈善业也是出名的好，马多夫和妻子成立了慈善基金会，长期捐助医院、学校、历史博物馆和剧场，并且以慈善的名义组织各种聚会。可以说，马多夫是美国犹太白人主流社会的头目人物，他有足够的资格赢得人们的信任，并且运转这样一个庞大的骗局。

但是，人们应该从这个现象里得到这样的一个经验，那就是无论资本的运作人是谁，有着什么样的社会地位、政治背景和经济实力，人们都应该小心提防，提防这种高息回报的诱惑。大家也不要认为，这样的现象离我们的生活还很遥远。我们身边虽然没有马多夫这样一流的表演家，但是那些经济犯罪的现象还是非常活跃的。

例如，某市的公安局，在近期就陆续接到多起关于非法吸收公众存款、集资诈骗、非法传销等涉众型经济犯罪的举报。

那么，什么是涉众型经济犯罪呢？涉众型经济犯罪是指涉及众多的受害人，特别是涉及众多不特定受害群体的经济犯罪。主要包括非法吸收公众存款、集资诈骗、非法传销等经济犯罪活动。在合同诈骗犯罪、农村经济犯罪活动中也有类似涉众因素存在。

无论是哪种方式的涉众型犯罪，高息回报都是引诱人们上当的一个巨大的陷阱。例如，在这些年出现了销售未上市公司股票等新型犯罪形式，即不法机构和个人以省外未上市公司将在境外上市为名，采用各种手段向投资者兜售所谓的原始股、内部职工股等，从中赚取代理费、中介费等非法买卖未上市公司股票违法犯罪活动。

这都是以高息或高回报为诱饵，以高于金融机构几倍甚至几十倍的利率，或是以极高的回报率来诱惑公众参与集资活动。对于这样的经济犯罪的现象，我们也应该看到它与"庞氏骗局"的相似之处——无论是谁在行骗，无论是什么样的结果，这个骗局的最大的特点就是隐蔽性非常强，它可能会经过长期的资金流转最终露出马脚，它可能在前期天衣无缝！

凡是从事这种类型的经济犯罪的犯罪分子，为获取公众钱款他们使用的手段多种多样，有的甚至以金融机构的名义或是打着政府机构、政界人士、知名企业的旗号进行非法集资，具有很强的欺骗性。

那么，人们在投资时，应该注意什么呢？

首先，在投资理财方面，必须提高自己的警惕，永远不要幻想"一夜暴富"。如果急于一夜暴富，或者是抱着侥幸心理冒险参与投资，就非常容易陷入理财投资的陷阱。而人们应该知道的是，这是一种非常的经济运作形式，根据法律规定，国家对这种投资造成的损失，不承担任何责任。

人们在提防这类案件中，要对高息回报的这些形式有所了解：一是以养殖、造林、返租产权式商铺等名义，鼓吹低风险高回报，从事非法吸收公众存款、集资诈骗等犯罪活动；二是以促销为名的"消费返利"，以教育储备金办学、造林投资"绿色银行"等名目的集资诈骗活动；三是以专卖、代理为名进行的传销，以及利用互联网为中介进行的"网络传销"；四是以"证券投资咨询公司"、"产权经纪公司"等为名，推销所谓即将在境内外证券市场上市的股票；五是利用互联网从事非法境外外汇保证金交易，组织介绍及参与者均为非法行为；六是大肆宣传所谓的"快速致富"、"高回报、零风险"，从事非法吸收公众存款、集资诈骗等犯罪活动。

所以，在投资之前，一定要对企业业务经营状况和资信进行验证和深入了解，切莫受贪利和盲目从众的心理支配，一时头脑发热而缺乏理性的投资，招致自己财产的巨大损失！

诚信原则——上帝被"蓝森林"感动了

现在"强买强卖"式的经营已经没有了市场，从根本上来说，谁拥有了顾客，谁就拥有了市场。诚信是宝贵的无形资产，是赢得顾客的根本。厂家的诚信是对消费者的负责，商家的诚信是对购物者的保证。

在商业经营中，市场就是抢夺顾客的市场。

一个想要长期发展的企业，一定会依赖顾客的力量。不重视顾客的企业，是不能得到长远发展的。当然，要想征服顾客，就要求经营者坚守一个重要的原则，这个重要的原则就是诚信原则。

诚信是建立市场经济的基石，对于我国的经济发展来看，政府规划市场，市场引导企业。市场经济促进了商品生产的分工，扩大了商品交易的范围和空间。市场竞争的法则日益推动交易链条上利润率趋于平均。前一项交易的完成，是后一项交易的成本。交易成本的扩大必将导致市场的萎缩，交易的中断。

市场交易的主体必须是遵守平均利润率法则的主体，如果以牟取暴利为手段，必然是一种短期行为而被市场逐除。市场经济是一种信息不对称的经济。在当前"买方市场"的经营环境下，消费者就是上帝，买东西的时候，消费者会面临着多种的选择。

这时候，交易的成功取决于经营者的诚信。也就是说除了良好的服务态度外，还要有一个诚实的态度，当好消费者的参谋，解除消费者的后顾之忧，使顾客买着放心。诚信能招"回头客"，诚信能赢万民心。如果有的生产者，为了达到一时的目标，欺骗消费者，造成消费心理不平衡，蒙生上当受骗的感觉，就会有损企业形象，造成恶性影响。

无论是谁，要想在商海中立足，都必须做一个有信誉的人。良好的信誉就是商人的生命。想一想，如果谁指着你对别人说"他说的话一定会算数"或者"他们公司生产的产品绝对信得过"，你所拥有的价值就是无法用金钱来衡量的，在互联网时代的今天，信誉就更重要了。很可能，今天你的信誉不好，第二天，全世界的人都会知道！

关于"诚信原则"，有一个国外的故事非常有震撼力，这个故事讲的是美国的家具厂"美像厂"和"蓝森林"家具店的令上帝都感动的故事。

故事的开始是一个普通的美国顾客汤姆，有一天他到"蓝森林"家具店买了一张床垫，这张床垫出自"美像厂"。

就在汤姆交了定金回家时，不幸出了车祸，并且被诊断为植物人。这时，"蓝森林"并不知情，他们按照该送床垫的时间，准时地把床垫送到汤姆写的地址那里。可是送到的时候，开门的人很奇怪，他说自己从来没有到"蓝森林"买过床垫，于是就没有收下床垫，因此这张床垫又回到了家具店。

此时的"蓝森林"想方设法，也没有联系到汤姆。可以说"蓝森林"已经尽了力，这件事情到此也就算了。可是"蓝森林"是一家严守合同，为顾客着想的老店。他们不但没有因为这张床垫无人来取而感到捡了个便宜，反而要做更多的事情来为这个找不到的顾客服务。

于是，"蓝森林"在自己的店门口张贴了广告，又在当地的报纸上发布了消息，寻找汤姆，并希望知情者能提供有关汤姆的线索，好让他将床垫领走。而汤姆的家人根本不知道汤姆定了床垫，并且汤姆的处境使他的家人根本没有时间看报纸。

一晃七年过去，床垫依然在那里，每隔一段时间，家具店的老板就会照样拿出一支粗笔，把床垫上那几个已经模糊了的大字再描上一遍："订购人，汤姆。"

这是一件多么感人的商业活动，甚至连上帝都被"蓝森林"感动了，于是奇迹出现了，汤姆经过七年的沉睡，终于苏醒了。

汤姆的苏醒是作为医学界的一个奇迹被媒体争相报道的。此时，家具店的老板通过报纸得知这一消息后十分惊讶，他急忙派人去医院找汤姆。原来，七年前汤姆把订货单上的地址写错了，把一区写成了七区。一区和七区相差两公里的路，怪不得床垫永远送不到汤姆家里。

这件事情也让人们深深地感动了。对于一个赢利的公司来说，诚信也许更是盈利的根本，只有把诚信看得和金子一样宝贵，才能够真正地赢得顾客，赢得市场。当时"蓝森林"就是靠着诚信赢得了所有人的肯定与尊重，甚至美国当时的总统里根，看了报道，也激动地跑到一家新闻中心大加赞扬，他肯定地说："真诚，一定会感动上帝！"

从中国目前的经济来看，"顾客时代"已经来临，"蓝森林"依然有着永恒的意义。企业管理由此回归了它的真相：是顾客或消费者决定了"企业是什么"。

在产品时代，是企业组织内部生产什么产品，顾客就只能被动地购买什么产品，但是到了顾客时代，这个管理逻辑次序被颠倒了过来，顾客可以主动地选择需要什么产品。正是因为如此，诚信在每个企业的身边，它就更像一面镜子。

在市场经济条件下的诚信，是企业在激烈的市场竞争中立于不败之地的法宝。市场经济是企业竞争的经济。特别是私营、个体商业的发展，加剧了竞争的力度，随着我国社会主义法制的不断完善，"强买强卖"式的经营没有了市场，如何在竞争中取胜呢？

中国家电业的青岛海尔公司，用一句"真诚到永远"表达了对顾客的诚信态度。这些企业的经营之道，是中华民族传统美德的发扬。

供求关系——物以稀为贵

物以稀为贵，自然资源是"稀少"的，所以一定要争取做到利用率高。如果资源效率低，就会造成了资源消耗型的经济。

谈到"物以稀为贵"，我想到了最近听朋友讲起的"木中钻石"。

"木中钻石"就是沉香，因其出品量少，加上它与医药、佛家、堪舆等方面都有深厚的渊源，所以被誉为"木中钻石"，是木类中最名贵的一种材料。这种名木，在以前是只有皇族富人才能享用的，现在，沉香逐渐被更多的人所认识。

有收藏和投资价值的天然沉香木一般有几类：第一类是等级高的沉香木，油量丰富，而且入水能沉的。第二类是实心材质而等级高的沉香木。第三类是造形美观的大件材料。

沉香价格一路上扬，走势强劲。普通的天然沉香木一般在 6000 元至 10000 元每公斤，上等的沉香木会达 20 万 ~30 万每公斤的价位，更好些的沉香就更贵了。沉香目前的价格已为众木中最高的，沉香会不会像去年其他红木类的材料一样是虚高？根据"物以稀为贵"的道理，天然沉香木未来的价格走势只有上升而不会下跌。

因为天然沉香木的形成需要上百年的时间，而经近十年的过度开采，中国海南的天然沉香再过两年就没有货可再提供了，印尼的也不过五年。所谓物以稀为贵，没有再出产的情况下，天然沉香木的价格自然是只涨不跌了。

在这里，我们不由得要提到一个和"沉香"有着相同效应的高收入群体——明星。无论在国外还是国内，影视和体育明星们的收入都是天文数字。在美国，像泰格尔·伍兹和朱莉亚·罗伯茨这样的大牌明星，年收入达几千万美元并不奇怪。在好莱坞，住在比弗利山庄的明星毫无疑问都是圈内的大腕。在国内，牛气冲天的大明星们，年收入也不下几百万元。

媒体偶尔也爆出明星收入的数目，更加激起了人们对明星的一种矛盾心态：一方面，看着他们开着世界名牌轿车飞驶而过时，心里颇不平衡；另一方面，又不惜用高价弄到一张票去看他们的比赛或演出……

这一点恰恰符合了市场经济的潜规则，那就是物以稀为贵。所以，明星能得到高收入的更重要原因在于供给极少。如果人人都能成为明星，明星还值钱吗？成为明星者，一定是极有天赋、极刻苦，又极走运的极少数人，所以他们是一种垄断性极高的稀缺资源。

另外，如果明星的高收入是市场决定的，无论多少都合理。现在已经是 21 世纪，人们的观念应该更新了，这应该是我们判断一种收入是否合理的标准，也是衡量明星高收入是否公正的客观依据。什么是公正？公正是平等竞争过程的参与权。如果每一个想成为明星的人都可以从事演艺业，并参与和其他同类人的竞争，结果只有极少数人成了高收入明星，就没什么不公正的。如果社会用种种手段限制人们进入演艺业，做其他没有平等竞争权，才会不公正。市场经济中明星们是竞争出来的，他们成功了，这就实现了公正。

曾经，我们接触到的经济学，在解释商品和资源的价格由什么决定的问题的时候，会这样说：商品和资源的价格由凝结在商品和资源中的劳动价值量决定。

这样，有时就会产生一种悖论，如果商品和资源的价格由凝结在其中的劳动决定，那么河流里流淌的水、埋藏在地下的煤炭石油、难得保留下来的原始森林，都不值钱，因为在人类接触它们之前，它们无一例外都不包含任何人类劳动。

所以，在解释这样的一个现象时就又加了一条理论，那就是商品的价格受供求关系的影响。计划经济年代，原木的价格是只算雇了多少工人，用了多少柴油或者电力以及机器折旧把它砍下来、拖到江边，运到你那个地方。把这些劳动成本加起来，再加上一点利润，就是原木的价格。我们用现在的发展的眼光来看，当时的经济行为的确是不科学的。

当时的煤炭石油的价格也是这样，只计算探测、开采、运输花了多少钱。也就是说，它们在开采以前是"没有价值"的，开采以后出卖的价格，就只看花了多少钱把它们开采出来。这就造成我国原木、煤炭、石油的价格，远远低于世界价格。

这样的经济形式给中国的发展以致命的打击。因此中国也开始寻求了一种新的发展，也就是不再把劳动当做唯一的衡量的标准，而是把供求关系、发展前景全部纳入到商品的价格体系中进行考虑。

关于供求关系，"物以稀为贵"也许是一种更好的解释。我们必须承认，过去的很多年，中国都发生了一种令每一个中国人痛心的现象，那就是我们曾经拼资源以求发展，是"资源消耗型"的发展。既然资源被扭曲得那么不值钱，人们也就不自觉地拼资源消耗来发展经济了。

对于珍贵的自然资源，我们曾经并不认为这是一种稀有的不可再生的资源，资源效率非常低，甚至低于印度。所谓资源效率，反过来说就是每产出一万美元的产值，需要消耗多少水多少煤炭多少石油。

资源效率最高的是日本，其次是美国，印度也走在我们前面。道理其实很简单，日本人懂得"物以稀为贵"。就开发资源的技术水平来说，日本绝对不会低于中国，但是他们并不是把凝结在商品中的劳动量当做了唯一评判的标准。

日本人认为自然资源是"稀少"的，而中国认为未开采的资源不值钱。结果，人家不但资源价格高，利用率也非常高，资源效率也就高；我们的资源价格低，泛滥使用，所以资源效率低。

日本人自己一棵树也舍不得砍，却大量购进我国东北的木材，用我们的木头潇洒地推广一次性筷子。我们更应该提高自己的认识，要知道价格是商品和资源的稀缺性的信号。供不应求，则价格上升，供大于求，则价格下降，这就是老百姓所说的"物以稀为贵"。

只有按照这样的价格，重视自己的产品的价值，资源才能得到最有效的配置，我们才能保卫自己国家的经济健康稳步地发展！

价格歧视——同物不同价的缘由

从需求与供给相等的意义上说，没有任何人遭到歧视。例如，对于需要买打折品的人们来说打折期是黄金期，而对于高收入人群来说，新品上市才是他们的关注点。

小王穿着新买的裙子到单位上班，裙子非常漂亮。大家纷纷赞扬的同时，有"好事者"就问花了多少钱。提到价格，小王可打开了自己的话匣子，她说："周末陪着老公逛商场，后来发现了这条裙子，随意试了试，效果还不错。但是凭我的经验，这个裙子的材料很一般，裁剪也只是一般而已，就不想买，可是在导购的游说下，老公掏了780元还是把这条裙子给买下来了！反正，自己的收入还是可以支付的……"

我们纷纷赞叹小王嫁了个好老公，就把这件事给忘了。可是就在中午吃饭的时候，我们所有人，特别是小王，都被门口的那个小店给刺激了。

这个小小的服装店里居然摆出了一条和小王的一模一样的裙子。这时候，大家都纷纷围了过去，一个女同事问店主裙子多少钱，店主甚至都没有抬头，就说："180元一条，不讲价。"

这让小王非常尴尬，为了证明她没有吹嘘自己裙子的价格，她着急地把商场的购物凭证拿出来给大家看。大家对小王还是比较了解的，知道她不是那种爱慕虚荣的人。但是同物不同价，这种现象离其他人还远吗？

生活中这种现象也非常多见。走在街上渴了，于是想去买瓶饮料。到商店买了一瓶饮料，开心地喝着。仔细留意你手中这瓶饮料，然后再看看收银条，就会发现你手上的这瓶饮料的价格怎么并不是每次都一样呢？

同样一瓶果汁，在大卖场买 2.5 元；在一家稍微小点的超市买 2.8 元；在便利店买 3.2 元；在自动售货机买 3.5 元；在火车上购买就需要 5.0 元；等到在酒店吃饭时，这瓶饮料就变成了 8.0 元；而在酒吧享用这瓶饮料的时候居然花了 30 元……

那么这种同物不同价的缘由是什么呢？为什么会这么轻易让人们接受呢？

上述行为在经济学上就叫"价格歧视"。"价格歧视"也叫差别定价，是指企业为了获得更大的利润，把同一产品按购买者不同而规定不同的价格，一部分购买者所支付的价格高于另一部分购买者所支付的价格。

"价格歧视"是否违背市场经济规律，不同人有不同的看法。有人认为"价格歧视"是违反市场经济规则的，影响资源的有效配置，必须实行严格管制。

他们认为，根据择优分配的原理，商品和资源的最佳配置必须达到均一的边际产出，在市场经济中就是均一的价格。因为公平有效的定价是"长期边际成本"，这种成本是一个确定的数，不能因人而异。所以歧视价格破坏了市场规则，必将破坏资源的最佳配置，降低社会的经济效率。

有人认为，应该允许"价格歧视"存在，因为它适应市场经济规律的要求。如果由于扩大市场，使生产者能得到规模经济利益，付高价的消费者的消费之后，如果再找不到市场，就可以灵活的降价销售，把产品销售给一些低价的消费者。这样一来对生产者仍是有利的，因为它使整个平均成本进一步下降，而低价的消费者也从中得到了实惠。因此，厂商可以通过这种策略把消费者分成若干了不同消费能力的消费群，分别定价，就可以赚取到更多的利润。"价格歧视"堪称市场经济中最重要的游戏规则之一。

　　获得较多的利润是厂家实行"价格歧视"策略的目的。如果按较高的价格能把商品都卖出去,那生产者自然能赚取高额的利润,但高价格销售往往使一部分消费者望而却步,所以只能采取灵活的方式来吸引更多的消费者,来适应不同消费能力消费者的需求。降价销售总比失去市场要强很多。所以如何采取一种两全齐美的方法,既以较高的商品价格赚得富人的钱,又以较低的价格把穷人的钱也赚过来。这就是生产者所要达到的目的,也是"价格歧视"产生的根本动因。

　　小王在商场里的消费证明她能够支付这样的费用,而商场的发展也对于整个社会的商业运作起到了一定的积极作用。现在人们已经对这种现象心平气和地接受了,如果没有歧视,人人平等,实际上必然造成对高收入者的歧视。厂商向每一位顾客收取其刚好愿意支付的价格的做法,叫做"完全价格歧视"。

　　"完全价格歧视"从表面上看,好像不公平,但其实未必。这是因为,在整个价格歧视中,不同的有效需求者都能得到有效的供给,因而从需求与供给相等的意义上说,没有任何人遭到歧视。对于需要买打折品的人们来说打折期是黄金期,而对于高收入人群来说,新品上市才是他们的关注点。

消费者剩余——讨价还价的秘密

利润等于收入减去成本。对于商品的销售者和制造者而言，任何收入只能来自于你对消费者创造的价值，而且只是创造价值的一部分，另外要被消费者的剩余拿走。

我们买东西的时候会不会讨价还价呢？

在统一售价的商场逛，当然不能够讨价还价。消费者都有这种感觉，走入商场，会立即感受到一个强大的气场，大商场装修豪华、冷气十足、服务规范，商品可谓应有尽有绝对精品。可是谁会看见那些美好的东西而不向往，有了向往怎么会有不占为己有之理？而且在店员鼓励的眼光下，往外掏钱的一刹那，不但占有欲满足了，尊严、地位、自我价值顿时都能跟着膨胀起来。这时候，不能"讨价还价"，就是一种很明显的"潜规则"。

但是，大部分的时候，我们在买东西的时候，都会讨价还价，物品值多少钱，还多少钱，每个人都有自己的心得。

我们就以买电脑为例吧。虽然大家都知道蜀汉公司的电脑质量和性能不错，但是，不同的消费者愿意支付的价格是有差异的。孙权富甲一方，愿意出 9000 元的价格买电脑；张辽觉得关羽不会骗他，愿意出 8700 元；周瑜愿意出 8300 元；曹操只愿意出 8000 元。

假如现在蜀汉公司就只有 1 台电脑可卖，由这 4 位买者竞价，最后的胜出者肯定是孙权，那么当他以 8750 元买到这台电脑的时候，比起他愿意出的 9000 元来，他还得到了 250 元的"消费者剩余"。

现在我们回到一个基本的公式——利润，做生意的人都知道利润等于收入减去成本。对于商品的销售者和制造者而言，任何收入只能来自于你对消费者创造的价值，而且只是创造价值的一部分，另外要被消费者的剩余拿走。

例如，你生产的东西消费者付 10 块钱，你不可能拿到 10 块钱，只能拿到 5 至 8 块钱，至于具体是多少，要看你的讨价还价的能力。如果我们不能追求利润，就要追求是不是给消费者创造价值。

成本是什么？在竞争的层面，成本就是你要为消费者创造价值使用的社会资源的机会成本。也就是说如果这个资源不是由你使用，而是由其他人使用，创造价值就是你付成本。所谓利润是什么呢？利润就是你在使用这样一个社会资源，付出了机会成本之后，你为消费者创造的价值就是这些。你为消费者创造的价值越多，越有可能创造更高的利润。如果你不能赚钱，利润达不到，那么这笔生意就不如不做。

在这个层面上来看，我们也应该懂得，"讨价还价"是要有一个底线的，企业和经营者一定会追逐利润，这一点是不容质疑的。同时，在这里我也想到了另外的一个问题，那就是说，在生活中，有的时候，消费者的"讨价还价"更需要谨慎。

有时"讨价还价"最终却得不到自己想要的服务。比如，家庭装修就经常会发生纠纷。

许多装修上的纠纷正是由于消费者贪小便宜所致。不少消费者基于贪小便宜的侥幸心理，聘请无照施工队装修房屋。这些所谓的装修队由三五人组成，没有什么是他们不能干的，也没有什么是他们不敢干的。可往往到后来，消费者才发现工期越拉越长，有合同也没用，急不得恼不得。这些装修队不仅在材料上做手脚，以次充好，以廉充贵，甚至会把装修剩余的材料拿走。

工期长倒也会有结束时，但要命的是经这种装修队装修的房子常常出现质量问题，尤其在环保方面。同时这些"装修游击队"缺乏管理和监督，问题丛生。"游击队"承接工程时，往往以低价格吸引客户，甚至低过正常标准。天下没有白吃的午餐，按合同该竣工时他们却迟迟不能完工，反正工人不退场，房主也住不成。最后只能按装修队的意愿加价，还不能讨价还价。直到最后，消费者才发现一分钱一分货，装修这份钱省不得。

消费引导——为什么她的水果店生意好

> 商家通过"免费体验"的策略吸引消费者的眼球，使消费者对
> 于自己提供的产品或服务，建立初步的认可，进而促成可能的购买
> 行为的过程，即以免费为诱饵，最终实现销售产品或服务、从中赢
> 利的目的。

在一个大学的校园里，开了三家水果店。面对全校师生这么大的市场，这几家水果店生意都应该不错，因为按这所大学的消费者数量，至少可以消化六家水果店。

但是，这三家水果店的经营情况是完全不同的。

第一家水果店，因为知道学校师生多，心想怎样也不愁卖不出去，于是从店主到服务员对待师生们的态度都很怠慢。有的时候，学生买的水果少，就不愿意出售。日久天长，这家水果店的水果就真的卖不出去了。后来他们开始处理那些因卖不出去而烂了一部分的水果，可是有的同学说不能贪图便宜，因为水果烂一块儿，其实整个都坏了，只不过从局部表现出来而已。于是这家店在如此好的形势下，慢慢退出了师生们的视线。

第二家店，老板娘长期坐守。这家店的老板娘非常精明，她对顾客的态度特别好，总是笑容满面，于是很长一段时间，同学们都去她那里买水果。慢慢地，同学们开始交流，老板娘虽然笑容满面，可是有时候一个宿舍去买水果，加在一起会买上百元，她还是同样的价钱，从来也

不多给一个。当大家提出来的时候，老板娘就笑一笑，然后把大家添的水果放回去，说："同学，我这本小利薄，呵呵，不能给添啦！"过了半年，这个水果店门可罗雀，老板娘的笑容也越来越少了。

第三家水果店，是一个年轻的女孩开的。这家店在开始的时候，并不是特别火。后来，来买水果的人越来越多，半年后，这个有点羞涩的女孩居然成功地垄断了校园的水果市场！

为什么她的水果店生意好呢？秘诀是什么？

走进店里，留心观察，就不得不佩服这个女孩的用心。原来，每次时令水果到货，年轻的女孩就找来果盘，把水果细心地切好，然后包上保鲜膜，放上牙签，让人品尝后再买。她也不计较同学们多拿一个橘子或者一个梨，而且，无论是买一个苹果，还是买一个芒果，她都会耐心地给同学们称好。有时候同学们不好意思了，她就对大家说，学生最不容易，花家里的钱应该节约。靠着这样的经营，师生们在她的水果店拿着购物篮在门口排队，不再去别的地方了。

从这三个校园的水果店，我们就可以对商业经济学中的一些情况略窥一斑。

市场竞争的方式五花八门、层出不穷。让消费者亲身感受是商家成功推销产品的关键，是引导消费者购买行为的一个很好的方法，因为只有消费者真实地体会到了产品给自己带来的好处，才会购买。

第三家中的女孩，她的"先尝后买"的方法，用一块水果给一箱水果做了很好的广告，这就是免费体验的魅力。现在免费体验的情况越来越多，相信大家都曾经历过不少次。走在街上，只要你经过繁华地带，就常常会被一些人拉过去，体验涉及的范围非常广，比如美容美发、教育培训、食品饮料等。

中小食品企业，由于自身知名度不高，于是在开拓新产品市场时，就采取了一些十分灵活的宣传方式，如免费试吃、试饮等。通过带给消费者直观的体验，厂家与潜在顾客之间的就进行了很有效的信息沟通。厂家的做法也吸引了消费者的注意力，许多消费者为此对产品产生了浓厚的兴趣，于是购买尝试。这种销售方式用经济学理论来解释，就是商家以赢利为目的，对顾客进行消费引导的行为。

超市中这种情况也比较常见。我们经常会看到促销员拿着已经切开的火腿，向过往的顾客推荐该产品，柜台上也会提供牙签、小勺等工具。还有的试吃柜台，促销小姐正用电饭煲煮着一锅方便面，香气四溢。这些商家也为顾客提供了一次性的品尝用具。

这就是经济学中的"消费引导"，是商家通过"免费体验"的策略吸引消费者的眼球，使消费者对自己提供的产品或服务建立初步的认可，进而促成可能的购买行为的过程，即以免费为诱饵，最终实现销售产品或服务、从中赢利的目的。

让消费者建立亲身感受，实现最大的利益，就是我们从第三个水果店中学到的道理。

替代效应——寻呼业的辉煌与落幕

一般来说，越是难以替代的物品，价格越高昂；产品的技术
含量越高，价格越高；对于传呼业来说，其实并没有尖端的科技，
所以相对通信行业，它就是通讯行业里的"馒头"，人人都会做，
随处可以见。

何为"替代效应"？从产业角度看，"替代效应"主要有两种表现形式。
一是产品与产品之间的替代效应。但是此种替代效应具有一定的局限
性。一方面是因为产品性能状态不能完全替换，依然存在较大争议，否则
也不会有"先试点，再推广"的产业发展模式。另一方面，是因为替代产
品还需要考虑相关的产品价格，替代能源的价值主要是建立在石油价格的
基础上，而一旦石油价格回落，替代能源的经济效用就将大大降低，这必
然会影响到生产替代产品的上市公司未来的股价表现，这也是行业分析师
在有关节能产业上市的研究报告中进行风险提示的主要内容。

二是产品升级换代的替代效应。主要是体现在一种产品面临更经济、
更高级的产品的挑战，从而产生替代效应。这种替代效应是最具有想象
力的。因为这种替代效应更具经济性，传呼业从辉煌到没落就是这样的
情况。

企业一直误以为可能遭遇到的最大危险或敌人，是行业竞争对手、潜
在的威胁者或是自身资源与能力不足等问题。但企业共同的危险或敌人却

是无法预知的"未来",在我看来,替代效应绝对是一个不能以个人意志为转移的未来。

大约 1998 年前后,中国通信寻呼业的竞争已经到了白热化的程度。为了确保自己的未来竞争地位,南方某大型寻呼通信企业制订了一份详细的企业未来五年的远景发展战略计划书,那时正是波特的产业竞争战略和 SWOT 经典分析范式在中国最流行的时代。

但是就在这家企业的战略计划书完成后,仅仅不到两年的时间,这家曾经雄霸一方的企业就迅速地消失了。它消失的原因既不是因为在与对手竞争中败北,也不是战略计划本身的缺陷。

消失的真正原因只有一个:整个寻呼行业作为一个产业,在中国整体性地消亡了。这像是一场"螳螂捕蝉、黄雀在后"的残酷游戏:当一方准备消灭另一方时,它们却同时被消灭了。消灭它们的那只"黄雀",就是不确定的未来。

关于替代问题,是非常容易理解的。比如,到市场买水果,一看橙子降价,苹果的价格没有变化,你会多买橙子,不买苹果。一种物品价格的变化,会产生两种效果:一是物品价格下降,相当于你的实际收入提高,你会多买这种物品,获得更多的满足,经济学家把这叫做收入效应;二是一种物品价格降低,同类物品价格没变,你会多买降价的物品,替代价格没变的物品,经济学家把这叫做替代效应。

生活中,替代效应非常普遍。生活用品大多是可以相互替代的,我们从经济实惠的原则出发安排生活。萝卜贵了多吃白菜,大米贵了多吃面条。买不起真名牌,用仿名牌替代。有时,替代效应与价格无关,比如发生禽流感后,鸡蛋和鸡肉就很少有人买,用猪肉等来替代。

一般来说,越是难以替代的物品,价格越高;产品的技术含量越高,价格越高。比如,彩电必须是厂家才能生产,而馒头,谁家都会做。艺术品价格高，几乎找不到替代品。《清明上河图》只有一幅，所以成为国之瑰宝，价值连城。

在企业，有技术、有才能的人，就是香饽饽，老板见了，又是笑脸，又是加薪，生怕他们跳槽，因为这种人太少，找到一个能够替代的，非常不易。对于管理人才来说，企业更为珍惜。如果企业不重视研发人员，他们掌握企业的核心技术，完全有可能被其他企业挖走，很难找到可以替代的人。普通员工，你不愿意干，想干的人多的是。正是因为普通员工的替代品多，因此，他们的工资与技术层、管理层差距很大。所以，你对著名企业 CEO 的百万元年薪，不要吃惊，更不要不平，想获得与他们同样的待遇，就要先让自己具有与他们同样的不可替代性。

在这个意义上，再想一想传呼业能够把握未来成为未来世界里的主角吗？众所周知，寻呼业投入低，技术含量不高，投资回收期短，社会需求量大，因而导致了不长的时间内出现了大量的运营主体。据统计，全国寻呼台最多时达到了六千余家，而其中具有规模经济的寻呼台并不多。

传呼就是通讯行业里的"馒头"，人人都会做，也人人都爱做。为什么呢？因为寻呼业的利润非常高，对于追逐利润的商家来说，寻呼业的回报的确太诱人了。

在这种情况下，人们也应该看到，越是高回报的行业，投资膨胀就越会引起无序竞争，尤其在经济发达的城市地区，寻呼业的竞争更是残酷无情，一大批社会寻呼台在短暂的风光后迅速没落，一批大的设备供应商如摩托罗拉等因为行业利润率的下降逐渐退出了寻呼领域，寻呼业开始品尝自己种下的苦果。

与此同时，未来世界的真正主角开始登上历史舞台，一批新兴的电信业务，尤其是移动电话业务对寻呼业务产生了强烈的替代效应。特别是在1999 年中国电信大重组后，由于联通与中国移动的竞争日益激烈，移动资费急剧下降，普通移动电话终端的价格也大幅下降，移动增值业务层出不穷，结果导致一大批寻呼用户在"双机并行"中成为单纯的移动电话用户。

因此，寻呼业失去了一大批传统的用户群。随着我国信息化进程的深入，消费者信息需求个性化双向化的趋势还将更加明显，而提供单向的大众化信息的传统寻呼业务将更难适应新的市场要求。

伴随寻呼业增长下滑和利润率降低的同时，传呼业的内部也一定会出现问题，由于来自于外界的压力已经把传呼行业内部的平衡给打乱了，所以寻呼业接着就出现了人才流失、投资减少、营销渠道转向等问题。

从理论上讲，一个行业或产业的发展兴旺不单单取决于某一个环节的发展，而是整个产业诸环节发挥协同效应、聚集效应的结果。因此，寻呼运营业离开了设备制造业和营销渠道等上下游环节的支持和推动，其发展基础就会受到动摇。

所以，传呼业就这样在历史潮流的推动下无法挽回地走向了落幕！

破窗效应——破窗户会更加"破"

　　在商业经营中，同样也是如此，没有一件和经营有关的事情是小事，没有一件事情可以小到被忽略。"破窗效应"指的是一些不良风气、违规行为逐渐地滋生、蔓延，最后成为一种主流性，甚至值得炫耀的行动。忽视了从小错纠起，关口前移，就会事后难收场。

　　国外有个著名的理论叫"破窗效应"，讲的是这样的原理：一面墙上如果出现一些涂鸦没有清洗掉，很快墙上就布满了乱七八糟、不堪入目的东西。在一个很干净的地方，人们会很不好意思扔垃圾，但是一旦地上有垃圾出现，人们就会毫不犹豫地随地乱扔垃圾，丝毫不觉得羞愧；如果有人打碎了一个建筑物的窗户玻璃，而这扇窗户又得不到及时的修理，别人就可能受到某些暗示性的纵容去打烂更多的窗户玻璃。

　　久而久之，这些破窗户就会给人造成一种无序的感觉。结果在这种公众麻木不仁的氛围中，一些不良风气、违规行为就会滋生、蔓延，并成为一种主流性，甚至值得炫耀的行动。

　　不要认为这是想当然，"破窗效应"是由美国斯坦福大学心理学家詹巴斗所提出来的。他找了一辆汽车作试验：把一辆汽车放在一个中产阶级聚居的社区中，开始摆放了一个星期完好无损。后来，詹巴斗用锤子把车的玻璃敲了一个小洞，很快有人在另一边也敲了一个洞，接着车子前窗也被人敲破，再接着门被人踢坏……第二天晚上，甚至发生了这样的事——车子不见了。

日常生活中也经常有这样的体会：敞开的大门，可能使本无贪念的人心生贪念；对于违反公司程序或廉政规定的行为，有关组织没有进行严肃处理，没有引起员工的重视，从而使类似行为再次甚至多次重复发生；对于工作不讲求成本效益的行为，有关领导不以为然，使下属员工的浪费行为得不到纠正，反而日趋严重。

在商业经营中，同样也是如此，没有一件和经营有关的事情是小事，没有一件事情可以小到被忽略。就拿"商业贿赂"来说，这种行为之所以能够从个别不良行为上升到一种普遍的社会现象，从经济领域里的暗箱操作上升到全社会的无处不在，从违规的商业行为上升到心照不宣的"潜规则"，从私下里的阴暗交易上升到公开的"堂而皇之"，正说明了，如果忽视对"破窗效应"的防止，忽视了从小错纠起，关口前移，就会致使事前轻防预，事后难收场。

国内一家银行，研究出了一种"业务办理加急"的服务项目。因为银行网点，有时候人满为患，办理一次业务至少要排队两小时，所以推出这项"业务办理加急"的服务项目。人们只要出50元加急费就可在VIP快速通道享受VIP客户的快捷服务，从而缩短排队等候时间。

我们先不谈这项服务究竟能给人们解决多少实际问题，如果不否认追求利润最大化是企业的本性，那么，在某些服务行业中推出差别服务并非不能接受。但市场经济是最讲道德的经济，企业推出差别服务必须保证一个前提：不能损害普通客户的利益。

以这家银行为例，可以推出VIP快速通道，给一些贵宾级客户提供快捷服务，但银行必须另外增加专门的人手和办公场所，不能占用本属普通客户的普通窗口，损害没有交出"50元钱"的人的利益。

关于这个举措，明眼人不难看出其中的问题所在。如果这家银行收了50 元加急费，是为了要用这笔费用另外增加专门的人手和办公场所，那么也无可厚非，因为银行收钱的目的是为了给愿意出 50 元加急费的客户专职服务。

可是事实上我们看到，银行没有采取任何扩大办公场所或者其他的举措，银行只是在搞"无本买卖"，把交加急费的客户直接加塞到普通窗口的队伍前头，很显然这是银行受益、普通客户受损。

这其实是银行肆无忌惮地撕毁和客户之间的契约，违背了基本的公平公正原则，实际上也没有给用户们带来实质性的方便。

"破窗理论"虽然最初用来阐释心理现象，可事实上用在经济领域，同样适用。众所周知，我国人口众多，而各种资源相对稀缺，超长时间排队现象在很多场合存在，如购买经济适用房摇号要排队，节假日坐火车买票要排队，到通讯公司办业务要排队，就连买掉渣烧饼都得排队。

可是，如果银行的这种行为得到了认可，那就等于率先打破了一块玻璃，后来者必将跟上，人们必将忍受更多的不公平待遇。

第七章

市场营销中的经济学

利润最大化——市场主体追求的目标

> 对于每个企业而言，真正值得开动脑筋学习的，并不是一些
> 虚空的经营理念，而是怎样在合理、合法的条件下，实现利润的
> 最大化。

市场主体从事生产或出售商品的目的是为了赚取利润。如果总收益大于总成本，就会有剩余，这个剩余就是利润。企业的存在就是为了赢利，这是谁都熟识的道理。然而，在日常各个市场主体的经营中，太多问题和事物使人们迷失了真正的方向。

还有很多新的理论和经营管理理念给人们带来困扰。但是，作为一个成功的市场主体，一定会懂得每个企业只有几件事真正重要。这几件事中最核心的就是赢利，要毫不顾忌、孜孜以求地赢利，而且是到手现金的赢利。

企业从事生产或出售商品不仅要求获取利润，而且要求获取最大利润，企业获得利润最大化原则就是产量的边际收益等于边际成本的原则。边际收益是最后增加一单位销售量所增加的收益，边际成本是最后增加一单位产量所增加的成本。如果最后增加一单位产量的边际收益大于边际成本，就意味着增加产量可以增加总利润，于是厂商会继续增加产量，以实现最大利润目标。

如果最后增加一单位产量的边际收益小于边际成本，那就意味着增加

产量不仅不能增加利润，反而会发生亏损，这时企业为了实现最大利润目标，就不会增加产量而会减少产量。只有在边际收益等于边际成本时，企业的总利润才能达到极大值。

只有每个企业的利润都达到最大化，整个社会资源的利用才能得到最优化。这就是说，稀缺资源是由各个企业进行利用的，当每个企业都使资源得到最有效运用（即体现为利润最大化）时，整个社会的稀缺资源也就得到了最有效的运用。从这种意义上说，利润最大化是企业的理性行为。

在追逐利润的过程中，降低成本就成了各个企业的一种策略。但是在生活中，下面的这个事例就要引起那些一味追逐利润的市场主体的警醒。

某省质监局曾对蜂蜜进行了调查，后来发现蜂蜜中的果糖和葡萄糖含量达不到标准规定要求。果糖和葡萄糖是蜂蜜中的主要成分，未经蜜蜂充分酿造的蜂蜜，或是在蜂蜜中掺入淀粉糖浆或砂糖，都会造成这项指标偏低。很多蜂蜜产品的淀粉酶不达标。淀粉酶是蜂蜜产品中具有的一种酶，不达标主要是由于蜂蜜存放的时间过长、生产厂家在加工浓缩蜂蜜的过程中浓缩的温度过高，以及用不含淀粉酶活性的淀粉糖浆类物质来调制假蜂蜜等原因造成的。还有的产品因为违禁使用糖精钠、甜蜜素等食品添加剂造成产品不合格。

这样的现象其实都是由于部分生产企业为降低成本追逐利润，在生产蜂蜜制品的过程中，减少蜂蜜的用量，添加糖精钠、甜蜜素等甜味剂增加甜度造成的。糖精钠和甜蜜素是甜味剂，但对人体没有任何营养价值，而且摄入过量的糖精钠和甜蜜素会给人体健康带来危害。

所以，在这里我们可以得出这样的一个结论，降低成本是一种方式，但是企业必须正确运作。否则这种利润最大化的正常追求就只能搬起石头砸自己的脚，让自己的企业走向非常经营的不归路。

那么，怎么做才可以得到最大利润呢？其实利润最大化就是要获得最大可能的利润，稀缺性就是一种很好的手段。由于所有经济活动的基本问题产生于稀缺性，利润最大化就是稀缺性的直接结果。力求使稀缺资源得到最好的使用和力求达到最大可能的利润是同一件事。一个追求利润最大化的企业才有机会在竞争中存在并发展下去。

如果想利润最大化提高，那么也不能忽视产品从经营到销售的中间环节。举个简单的例子，我们在生活中都会发现这样的一个现象，那就是在大城市里蔬菜的价格和农村收购价相差甚大。很多人都以为是中间环节加价太多，所以，那些在城市里卖菜的人，虽然加了价，能够把菜价提得非常高，但是他们同样得不到巨额的利润。

这个现象真实的情况正是因为从事中间环节的人太少，稀缺导致高价，蔬菜批发商赚到了更多的钱，得到了最大化的利润，但是对于那些在城市卖菜的人们来说，利润并不多。有的小商贩认为中间商赚的利润太大，要限制他们的人数，可是如果真的这样做，一定会适得其反，自己的利润反而会降低。只有流通环节展开充分的竞争，费用才能下降，效率才能提高。

对此读者，一定会感到不可思议。那么我们就举中国和美国的蔬菜批发业为例子，看一下中国和美国两者效率的巨大差别。美国各大城市一年四季蔬菜价格的变化远比中国的小，美国农业的分工非常发达，东部各州吃佛罗里达州的橘子，西部各州吃加州的橘子，全国都吃南达科他州的土豆从中美洲各国进口的香蕉。蔬菜水果是易腐货物，远距离运输必须有紧凑的运输链联结在一起，为了最大限度地利用集装箱运输的容量和能力，各种货品的搭配运输非常复杂。

但是在中国，蔬菜水果的贩运，从询价、采购、仓储、加工、包装各个环节看，效率比美国要差得远。其原因就是从事中间投入的服务业太薄弱。

在这里顺便给大家解释另一个问题，那就是我们生活中的很多服装专卖店，是怎样实现利润最大化的。

不要小看这些小小的专卖店，它们从生产到运营到销售，有一套方法，这些方法能够帮助企业实现利润最大化。

传统的销售方式是通过大渠道大通路走终端销售路线，这其中我们已经分析过了，那就是在中国不怕环节多，怕的是各个环节间的低效率，会影响到专卖店的运作。随着市场竞争加剧，终端为了降低自己的风险，各个专卖店的小经营者可以直接的向总部要利润，实现利润的最大化。

在老百姓的眼中，买东西图个踏实。而专卖店是企业、公司综合实力、产品质量、服务诚信的最有力证明。专卖店可以向消费者传达这样一个信息，那就是我们是一个完整而独立的品牌，我们不是做一锤子买卖的企业，有什么事您可以找我们，我们有一个团队在您身后为您服务。所以，专卖店的建设可以更好地达成销售，实现利润的最大化。

因此，对于每个企业而言，真正值得开动脑筋学习的并不是一些虚空的经营理念，而是怎样在合法的条件下，实现利润的最大化。

完全竞争市场——经济学的理想实验

> 完全竞争市场是论证市场合理性的基本模型。然而，完全竞争市场模型恰恰是没有竞争的模型，因而不是对现实的合理抽象，而是对现实的根本背离。

完全竞争的世界是一个价格接受者的世界。一个完全竞争的企业相对于市场来说是如此之小，以至于该企业不能影响市场价格，而只是将市场价格作为既定价格来加以接受。

用供求曲线来描述，个别企业因为有巨大的市场，所以从一些企业来看，它的需求曲线是水平的，也就是说它可以在既定的价格下，出售任意数量的物品。因此，完全竞争企业的生产数量就取决于生产的边际成本，边际成本等于价格时，企业利润最大化，因此该数量即完全竞争企业的供给量。

这意味着，完全竞争市场下的企业不考虑定价，只考虑数量。然而有什么企业是不顾定价、只顾数量呢？如果有，那一定是以价格作为计划指标的计划经济。

如果在同一市场中存在无数竞争者，那么竞争者之间就会展开激烈的竞争，如降低成本，提高质量，改善品种，以获得竞争的优势地位，扩大市场份额。

在小麦市场上，有无数的小麦生产者，但他们谁也不能左右小麦市场，因此谁也无法决定小麦的价格，但有竞争能力者，也就是产出较多的小麦生产者，总是试图成为价格领先者——不是抬高价格，而是降低价格，以获得市场的占有权。如迈克是生产经营能手，他具备竞争意识，他就会使自己的小麦价格总是低于市场平均价（成本领先），在出售的小麦上打上迈克品牌（制造产品歧异），并且利用所积累的资金去兼并那些赔本农民的土地。这样，迈克的农场就会不断扩大，而且始终保持较高的利润。

如果农场规模继续扩大，迈克牌小麦的市场份额也就越来越大，这样以来迈克就渐渐具备了对局部市场的垄断供应权，他就可以使小麦价格在高于小麦平均价的情况下继续扩大市场，逐步走上垄断之路。这时，小麦市场就从无限竞争走向有限竞争，乃至有限垄断。

也就是说，即使在无限竞争市场上，领先的竞争者也不是价格的被动接受者，而是主动的价格影响者。真正的竞争是在生产、技术、管理和对顾客需求的捕捉（标新立异就是利用顾客寻求差异，寻求产品质量稳定性的心理）上展开的，成本和质量无非是竞争优势或劣势的外在标志。

寡头市场——几个企业说了算的市场

> 寡头是指掌握着庞大的金融资本，并在实际上控制着国民经济命脉和国家政权的大垄断资本家或垄断资本家集团，具有厂商数量少，厂商相互依存，价格稳定，厂商进出不易的特征。

寡头市场，在西方也称寡头垄断，在这里我们还要简单了解一下什么是垄断。

垄断是从资本主义的自由竞争中成长起来的。在以自由竞争为基本特征的资本主义发展阶段，资本主义企业为了攫取更多的剩余价值，必然会采取先进的生产技术和科学的管理方法，实行生产的专业化和协作，提高劳动生产率；在激烈的竞争中，大企业往往凭借自己在经济上的优势，不断排挤和吞并中小企业，使生产资料、劳动力和劳动产品的生产日益集中于自己手中。

寡头市场在经济中占有十分重要的地位。在美国，钢铁、汽车、炼铝、石油、飞机制造、机械、香烟等重要行业都是寡头市场。这些行业中大都是四五家公司的产量占全行业产量的70%以上。在日本、欧洲等发达国家也存在着同样的现象。

这样说起来似乎有着贬义的意味，对于自由竞争的市场来说，这并不是不可以理解，寡头市场上往往存在着产品差异从而满足消费者的不同偏好。此外，由于寡头企业规模比较大，便于大量使用先进的生产技术，而激烈的竞争又使厂商加速产品和技术革新。因此，又有其效率较高的一面。

例如，我国的葡萄酒产业就是一个寡头市场。因为中国酿酒葡萄的产地分布相当分散，这与世界酿酒葡萄产区非常集中的特点不大相同：东北产区为世界最寒冷的葡萄产区，冬季气温 -40℃，只能种植抗寒性较强的山葡萄；吐鲁番产区是世界上最炎热的葡萄产区，夏季气候高达 45℃；怀涿盆地、石河子产区等气候温和，适宜葡萄的生长。

尽管葡萄产区遍及各地，但相对集中在气候和土壤较适宜的新疆、渤海湾和华北、西北的黄土高原，其中新疆、山东、河北、辽宁、河南 5 个省葡萄园面积占全国的 63.7%，葡萄产量占 69.8%。由于中国酿酒葡萄产区生态环境的巨大差异，葡萄风格迥异，能够生产出具有不同地域特色的多样的葡萄酒来。

这样客观的地理条件的约束就意味着葡萄酒寡头市场出现的可能性，而且葡萄酒产业还是一个快乐的寡头市场。居民收入水平的持续提高，造成中产阶层的出现，这部分人将对葡萄酒产生巨大的需求。从健康的角度说，葡萄酒对白酒和啤酒的替代作用非常明显，越来越多的人在越来越多的场合饮用比较健康的葡萄酒。葡萄酒逐渐成为日常消费品，逐渐进入商场和大超市等大众零售渠道，从而进一步推动了葡萄酒的普及，让葡萄酒走入了千万百姓家。

寡头市场有着它自己的潜规则，如果寡头的决策人是理性的，这种潜规则运行良好，外界很难打破，甚至内部也因为是一种囚徒的困境式的博弈关系，使得它在一定情况之下能保证长期的平稳。如果要破坏这种潜规则（或者说是博弈中的规则），那么必将有一方付出沉重的代价——退出市场竞争，但我们都知道各个理性的博弈方都是在追求自身的最大利益，所以这样就使得寡头市场中价格竞争的博弈可以重复。

这个规律在整个葡萄酒产业同样适用，国外的葡萄酒和中国本土的寡头市场势必要产生一定的竞争，越来越多的国外葡萄酒商大量拥进中国市场，细心的消费者早已注意到，市场上出现的洋葡萄酒品牌突然多起来。从国内消费者熟识的葡萄酒产国：法国、意大利、西班牙等，到不太熟悉的南非、智利等国，除了以往常见的中低档品牌外，一些世界知名葡酒品牌也摆上中国市场货架。

生产和资本的集中发展到一定程度，则意味着企业数量减少，一个部门的大部分生产都集中在几个或十几个大企业手中，它们之间比较容易达成协议，共同操纵部门的生产和销售，从而使垄断的产生具有可能；由于少数大企业的存在，使中小企业处于受支配地位，少数大企业之间为了避免在竞争中两败俱伤，保证彼此都有利可图，所以避免了它们之间的竞争。对于葡萄酒产业来说，国内的葡萄酒产业还没有发生任何恶性竞争的事件。

这在客观上就对国外的葡萄酒打败中国本土产业说了一声不可能，因为虽然中外企业都看中了中国葡萄酒市场的商机，外资的大规模介入也有望掀起新一轮整合大战。但是，在中资企业占据有利地形、渠道障碍难以攻破的背景下，短时间内打破寡头垄断局面尚有难度。

但是，效率与公平是资本市场的核心问题。寡头市场也不意味着平衡无竞争，而且市场总是处在一个变化发展的过程中，怎样保护自己的地位和利益就成了每个企业发展过程中的重中之重。

在这里我想到了我们国家的另外一个寡头市场，这就是中国的乳制品行业。走进超市看一看，占柜台的大部分都是蒙牛、伊利、三元等品牌的牛奶，看到这一点，我们首先要承认的一点是这些乳制品毕竟曾从激烈的市场竞争中脱颖而出。

毫无疑问，目前中国乳业市场的争夺已进入寡头时代。规模化的市场占有率和充足的奶源，是企业制胜的两大法宝。两者缺一，都不可能拥有优先发言权。这种特点给割据一方的某些企业带来很多烦恼：天然的奶源基地越来越少，供应的瓶颈十分明显；曾经独霸一方的市场正被对手蚕食与挤占；销量与规模上不去，谈什么投入巨资启动现代化装备生产？没有现代化生产技术和研发实力，又怎能带动市场消费增长？

相对来说，我们上述的蒙牛、伊利、三元都能够避免这样的问题，发展壮大了起来，成为了曾经无可争议的寡头市场。同时我们也再次看到了寡头市场的一个特点，在寡头市场上，企业很少，每家企业的决策对整个市场都有不可忽视的影响，对其他企业的决策也有重要的影响。任何一家企业的销售都取决于自己的价格和其他企业的价格。

例如，在一个寡头市场上有三家企业，如果一家要降低自己的价格而其他两家并不降低，那么，这家销售量就会大大增加，而其他两家的销售量会大为减少。在这种情况下，其他两家企业也不得不降价。如果其他两家降价了，那么，这家企业的价格和利润都要减少。所以，每家企业在决定降低价格之前，都要预测其他企业会作出什么反应，并估算这种反应对自己利润的影响。正因为寡头企业之间的这种相关性，就使寡头市场的价格与产量决定相当复杂，具有不同于其他市场的特点。

所以，伊利、蒙牛曾经有过这样的时光——相互之间的竞争并不大，各自区域分明，鲜有直接的交锋。但是，如果认为这就是寡头市场的本质，那么就大错特错了，寡头的关键特征是合作与利己之间的冲突。为了理解寡头的行为，我们考虑只有两个卖者的寡头，即双头，它是寡头中最简单的类型。这种双头模型最具代表性的例子是"囚徒困境"。

囚徒困境是一个关于两名被警察抓住的犯罪分子的故事。我们把这两个犯人称为 A 和 B。警察有足够的证据证明 A 和 B 犯有非法携带枪支的轻罪，因此每人都要在狱中度过一年。警察还怀疑这两名罪犯曾合伙抢劫银行，但他们缺乏有力的证据证明这两名罪犯有该严重罪行。警察分别审问了 A 和 B，而且向他们每个人提出以下的交易："现在我们可以关你一年。

但如果你承认银行抢劫案，并供出合伙人，我们就免除你的监禁，你可以得到自由，你的同伙将在狱中度过 20 年，但如果你们两人都承认罪行，我们就不需要你的证词，而且我们可以节省一些审讯成本，这样我们就采用一种折中的方式，给你们每人判 8 年徒刑。"

如果 A 和 B 是残忍的银行抢劫犯，只关心自己的刑期，你预计他们会怎么做? 他们会坦白还是保持沉默? 首先考虑 A 的决策。他会如此推理: "我并不知道 B 将会怎么做。如果他保持沉默，我最好的策略是坦白，因为我将自由而不是在狱中待年，如果他坦白，我最好的策略仍然是坦白，因为这样我将在狱中待 8 年而不是 20 年。因为无论 B 怎么做，我选择坦白都会更好些。"

B 面临和 A 同样的选择，他的推理和 A 相似。换句话说，坦白也是 B 的占优策略。最后 A 和 B 都坦白了，两人都要在狱中待 8 年。但从他们的角度来看，这是一个糟糕的结果。如果他们两人都保持沉默，那么两人的状况都会更好些。由于各自追求自己的利益，两个囚徒共同达到了使每个人状况变坏的结果。

为了说明维持合作如何困难，设想警察逮捕 A 和 B 之前，两个罪犯相互作出了不坦白的承诺。显然，如果他们两人坚持这种协议，两人状况就会变好，因为这样的话他们每人将只在狱中待 1 年。然而，事实上，这两个罪犯会仅仅由于他们之前有协议就保持沉默吗? 一旦他们被分别审问，利己的逻辑就会起主导作用，并使他们坦白。两个囚犯之间的合作是难以维持的，因为从个人的角度看，合作是不合理的。

所以，曾几何时，形势陡然变幻。在各大超市卖场，伊利、蒙牛以铺天盖地的促销活动吸引了相当部分的购买力，也展开了激烈的竞争。

竞争的本质是质量和赢得消费者，在这里我不由得想起了"三聚氰胺"事件，这件令人难以接受的事情彻底改变了格局，三元乳业顿时脱颖而出。

当蒙牛面临危机的时候，还要面对国际上的风险，那就是国外财团的收购。

但在这里，我们要思考这样一个问题，那就是企业是以赢利为目的的社会组织，无论你是否是寡头市场，你都有责任服务于员工、股东和社会。那么假如蒙牛的控股权被外资收购，谁的利益将会受损呢？

"三聚氰胺"事件爆发之后，社会大众猛然发现蒙牛这个苦心孤诣营造起来的"民族品牌"企业，在服务于社会方面存在重大瑕疵，因此蒙牛才出现一边是销量骤降，一边是股价暴跌的双重困局。

直到那时很多人才明白，蒙牛这个"民族品牌"的控股权变更，与社会大众的利益几乎没有太大关系。对于普通老百姓来说，奶品的食品安全是事关每一个人的头等大事，而至于谁掌握奶业公司的控股权等问题，和食品安全相比，实在是微不足道。所以，在这里，每一个参与市场竞争的企业都应该警醒自己，要知道当自己抛弃了消费者的那一刻，消费者也会抛弃自己，而赢得了消费者，做一个快乐的"寡头"也不再遥远！

市场兼并——大鱼吃小鱼

> 市场经济，表面上看起来很残酷，就像自然界的一切生物一样，都必须遵循适者生存原则，因为有压力了，才会不断去警惕，不断去提升自己的能力，来对抗这种竞争，生存能力才能增强。如果只待在保护伞下，功能就会逐步退化，最后根本不堪一击。

兼并，是个极具风险的话题。

有人说，在国外兼并大潮已经五番起落，波澜壮阔。最近席卷而来的第五浪，更是摧枯拉朽，势不可挡。每一起兼并风潮的背后，都是商业权力和利益的较量和重新分配。适者生存，物竞天择，自然选择演绎到人类经济本身，它以兼并之势顽强地加以表现。在全球商业大环境中，如果不合并，大企业不能稳定顺利地发展，对中小企业来说，已经到了生存都难以为继的地步。

不是吗? 在美国，航空业的两巨头，面对空中客车的有力竞争，他们走到了一起，超强联合，成为真正的空中巨霸。同样在美国，曾经是轮胎王国的固特异集团，也因一起兼并案，险些丧命，这是生存的威胁。在香港，一起又一起硝烟弥漫的兼并攻防战，造就了李嘉诚、包玉刚等亿万富豪。他们的创富模式，无一不与兼并有关。

成功的人选择了兼并，兼并又极大地造就了他们的成功。尽管有些企业被沿海企业兼并了，但这些企业发展了。作为政府和社会来讲，应该考虑只求所在，不求所有，因为谁是这个企业的投资者和股东并不重要，关键是能否带动当地经济的发展，把蛋糕做大。能不能为当地政府创造持续的、更多的税收，解决更多的就业，扶持其他相关的工业。

从国家的整个大局来看，凡是改革开放以后，对外开放最快的行业，现在恰恰是发展最好的行业。而国家要保护的行业，到现在为止，反而相对落后了。你看那些垄断性的行业，现在根本没有竞争，没有竞争哪来的提升？没有提升哪会有创新？核心竞争力又从何而来？

在市场经济中就像自然界的一切生物一样，都必须遵循适者生存原则。因为有压力才会不断去警惕，不断去提升自己的能力来对抗这种竞争，生存能力才能增强。如果只待在保护伞下，功能就会逐步退化，最后根本不堪一击。

企业兼并分为三种形式：横向兼并、纵向兼并和混合兼并，它们都能够提高企业的市场份额，但它们的影响方式又有很大的不同。

1. 横向兼并。横向兼并有两个明显效果：实现规模经济和提高行业集中程度，横向兼并对市场权力的影响主要是通过行业的集中进行的，通过行业集中，企业市场实力得到扩大。横向兼并对行业结构的影响主要有以下三个方面：

（1）减少竞争者的数量，改善行业的结构。当行业内竞争者数量较多而且处于势均力敌的情况下，行业内所有企业由于激烈的竞争，只能保持最低的利润水平。通过兼并，使行业相对集中，行业由一家或几家企业控制时，能有效地降低竞争的激烈程度，使行业内所有企业保持较高的利润水平。

（2）解决了行业整体生产能力扩大速度和市场扩大速度不一致的矛盾。在规模经济支配下，企业不得不大力提升生产能力，才能提高生产效率，但企业扩大生产往往与市场需求的增加不一致，从而破坏供求平衡关系，使行业面临生产能力过剩。实行企业兼并，使行业内部企业得到相对集中，既能实现规模经济的要求，又能避免生产能力的盲目提升。

（3）兼并降低了行业的退出壁垒。某些行业由于它们的资产具有高度的专业性，并且固定资产占较大比例，从而这些行业中的企业很难退出这一经营领域，只能顽强地维持下去，致使行业内过剩的生产能力无法减少，整个行业平均利润保持在较低水平上。通过兼并和被兼并，行业可以调整其内部结构，将低效和陈旧的生产设备淘汰，解决了退出成本过高的问题，达到稳定供求关系、稳定价格的目的。

横向兼并通过改善行业结构，使兼并后的企业增强了对市场的控制力，并在很多情况下形成垄断，从而降低了整个社会经济的运行效率，因此，对横向兼并的管制一直是各种反托拉斯法的重点。

2. 纵向兼并。纵向兼并是企业将关键性的投入—产出关系纳入企业控制范围，以行政手段而不是市场手段处理一些业务，以达到提高企业对市场的控制能力的一种方法。它主要通过对原材料和销售渠道及用户的控制来实现这一目的。纵向兼并使企业明显地提高了同供应商和买主的讨价还价能力。这种讨价还价的能力主要是由买卖双方的行业结构，以及它们之间的相对重要性决定的，企业通过纵向兼并降低了供应商和买主的重要性，特别是当纵向兼并同行业集中趋势相结合时，能极大地提高企业的讨价还价的能力。

纵向兼并往往导致连锁效应，一个控制了大量关键原料或销售渠道的企业，可以通过对原料和销售渠道的控制，有力地控制竞争对手的活动。因此，即使纵向一体化不存在明显的经济效益，为防止被竞争对手所控制，当一家企业率先纵向兼并时，其余企业出于防卫的目的，也必须考虑实行纵向一体化。

3. 混合兼并。从表面上看，很难看出混合兼并对市场有何明显影响，混合兼并对市场的影响，多数是以隐蔽的方式实现的。在多数情况下，企业通过混合兼并进入的往往是与他们原有产品相关的经营领域。在这些领域中，它们使用与主要产品一致的原料、技术、管理规律或销售渠道，这方面规模的扩大，使企业对原有供应商和销售渠道的控制加强了，从而提高了它们对主要产品市场的控制。

另一种最为隐蔽的方式是：企业通过混合兼并增加了企业的绝对规模，使企业拥有相对充足的财力，与原市场或市场的竞争者进行价格战，采用低于成本的定价方法迫使竞争者退出某一领域，达到独占或垄断某一领域的目的。由于巨型混合一体化企业涉及很多领域，从而对其他相关领域中的企业形成了强大的竞争威胁，使一般的企业不敢对它的主要产品市场进行挑战，以免引起它的报复，结果造成这些行业竞争强度的降低。

虽然以上三种形式的兼并都可以增加企业市场的控制能力，但比较而言，横向兼并的效果最为明显，纵向兼并次之，而混合兼并的效果是间接的，有时很难确切地说企业通过兼并就是为了达到垄断，兼并的各种后果往往是混合在一起的。

购买心理——为什么东西越贵越有人买

商品经济社会中，消费者是理性的购买者，从产生需要，打算购买到最后决定购买及购后感受的整个过程中，夹杂着一系列复杂的心理活动过程。在这些内在的心理活动过程中，越贵越买就是一种购买冲动。

商品经济社会中，消费者是理性的购买者，从产生需要，打算购买到最后决定购买及购后感受的整个过程中，夹杂着一系列复杂的心理活动过程。在这些内在的心理活动过程中，越贵越买就是一种购买冲动。

以红酒为例，贵的酒就好喝吗? 美国科学家发现，付较多钱买同一种红酒的人，会获得较多的满足感。

以加州理工学院经济学助理教授兰热尔为首的一组研究人员，为了测试行销手法如何影响消费者的感觉，以及如何提高消费者享用该产品的满足感，而对 21 个志愿者进行了心理测试。

该小组让志愿者品尝 5 瓶价格不一的卡本内苏维浓酒(Cabernet Sauvignon)，然后要他们列出自己最喜欢那一种酒。

除了红酒的价格之外，研究人员没有为志愿者提供有关该红酒的其他资料。研究人员在志愿者不知情的情况下，让他们品尝同一种酒两次，其中一次标上真实的价格标签，另一次则换上假标签。

例如，他们为一瓶 90 美元的卡本内苏维浓酒，标上 10 美元的价格标签，而一瓶 5 美元的酒则谎称为 45 美元。

研究结果显示，志愿者会给"较贵"的酒打更高的分数，而且脑部扫描也证实，志愿者脑中与愉悦感相关的区域，会在他们品尝高价酒时，出现更活跃的神经反应。

一般来说，消费者的经验素质，与该产品的性质，以及消费者本身当时的状况，比如是否口渴有关。但这项研究却显示，大脑的奖励中枢在评估经验素质时，也把主观看法考虑在内。

对于这种主观看法，营销者学会了利用人们的这种心理。中国人自古以来就有"好面子"的习惯，一旦富裕起来，一定会通过物质消费来让人们知道自己的威风和高贵。当大家都开始富裕起来时，更富裕的中国人开始感觉自己没面子了，需要购买更贵的产品和服务来区别于普通的富裕大众。所以，看似贵得离谱的东西，依然会卖得出奇的好，就是因为我们中国有太多好面子的富人。

美容消费是很多女性生活中一个大块消费。对于很多女性来说，可以不吃饭，但是却不能不用好的护肤品。

可是为什么使用了价格不菲的化妆品，脸部的皮肤却毛孔粗大，越来越干燥？皮肤科专家指出，化妆品并非越贵越好，消费者应该学会科学、理性地选择化妆品。

目前，市场上销售的化妆品，很多都是用化学原料合成的，通常含有乳化剂、防腐剂、香料、色素等。这些化妆品能够起到一定的保湿、滋润作用，但其中的化学物质长期作用于皮肤表面，会对皮肤形成相应的损伤。不少消费者使用的化妆品越来越贵，皮肤却越来越差，原因就在于他们对自己的皮肤和化妆品的成分都不够了解。

其实皮肤的好坏，与每天摄入的营养、睡眠状况、心理健康等都有密切关系。从皮肤生理学角度分析，含有油类的化妆品的确能够锁住水分，保持皮肤湿润，抵抗外来刺激。但是，油类物质也会阻碍皮肤呼吸，导致毛孔粗大，引起皮脂腺功能紊乱。特别是化妆品中的乳化剂、杀菌剂等化学添加剂会对皮肤造成损伤，所以女性朋友们应该走出这个误区，选择适合自己的化妆品，而不是贵的。

除了化妆品，我们会发现贵的东西太多了，那些令老百姓咋舌的物品也层出不穷。600元一斤的牛肉，80元一盒的香烟，20元一瓶的矿泉水，50元一碗的面条，30000元一部的手机，800万元一辆的汽车……

当这些昂贵的产品出现在人们的生活中时，还卖得特别好，出现了供不应求的大好局面。甚至有的商品想买还要提前一个月预定，还有需要提前半年预定的，这都不算什么，更有甚者就是提前预定了也不保证一定能买到。

很多时候，老百姓没有考虑自己对价格的承受能力，对高端产品有一定的误区。什么是高端产品，怎样成为高端产品，他们都不清楚，认为最重要的是看价格，价格贵，就是高端产品。蒙牛特伦苏之所以这么成功，最关键的因素是产品价格策略。它贵啊，它是中国最贵的牛奶，消费者就会认为最贵的牛奶一定是品质最好的牛奶，品质最好的牛奶才最有营养的，送人才最有面子。

在信息不对称的情况下，中国消费者会首先通过产品价格来判断产品的品质的好坏、品位的高低、时尚程度的大小，价格高，就会认为是有档次、好品质。"一分钱一分货"的传统说法，也在全中国13亿人中无限流传，无意中加大了消费者对价格"迷信"的程度。

掌握了这两个"商业机密"后，再来看看目前的中国市场，可谓是"一贵大未来，一贵一市场"。中国大量的中等收入阶层消费者对大众市场所提供的产品和服务越来越不满意，并开始寻求能够满足技术、功能和情感托付的产品和服务，即开始趋优消费。趋优消费是指以更高的价格购买更好的产品和服务。趋优消费已成为中国市场上一种爆炸式蔓延的现象。各地的消费者都愿意，甚至是渴望以高价购买优秀的产品，但这种产品或服务的价格并不是高不可攀的，在同类产品或服务中它具有更好的品质、更独特的品位和更高的期望值。

所以，每个行业、每个产品都可以启动"贵策略"来赢得消费者、赢得中国市场。只要你的产品的确有显著的与众不同之处，而这种与众不同之处又恰恰是消费者所期待的和追逐的，那么就大胆地提价吧！一个包子卖 10 元，一袋瓜子卖 20 元，一块口香糖卖 10 元，一双袜子卖 80 元，一份报纸卖 5 元，一袋方便面卖 20 元……

这听起来是如此的荒谬，但是在这里，如果消费者失去了理性的判断心理，没有人敢说这些东西卖不动，也没有人能够保证这些高价格的物品不会引起抢购热潮！

信息不对称的产物——逆向选择

"逆向选择"是现代主流经济学的一个惯用词语。在现实的经济生活中，存在着一些和常规不一致的现象。本来按常规来说，降低商品的价格，该商品的需求量就会增加；提高商品的价格，该商品的供给量就会增加。但是，由于信息的不完全性和机会主义行为，有时候，降低商品的价格，消费者也不会作出增加购买的选择，提高价格，生产者也不会增加供给的现象。所以，叫"逆向选择"。

"逆向选择"理论是美国经济学家阿克洛夫基于"旧车市场模型"理论提出来的。在旧车市场上，买者和卖者之间对汽车质量信息的掌握是不对称的。买者很难准确判断出车的真实质量，这种情况下，典型的买者只愿意根据平均质量支付价格。这样一来，质量高于平均水平的旧车就会被卖者撤出，市场上只留下质量低的旧车，而买者最终只能以预期价格获得较低质量的产品。这违背了市场竞争中优胜劣汰的选择法则，所以把这种现象叫做逆向选择。

我想起前几天要旅游，买装备时朋友的善意提醒。当我为了旅游激动不已，冲到大商场，准备狠狠大出血的时候，朋友小辉告诉我：不买贵的，只买对的，骨灰级的驴友并不单纯看重品牌，关键还是装备的质量。所以，如果我真的配置了一身名牌的行头出现在他们的队伍中，也未必能说明装备有多专业，反而只会显得另类。

这番话说得我频频点头。一直以来，我都是个唯品牌论者。很多东西，虽然对其性能了解不多，但鉴于其品牌与价格，便会毫不犹豫地买下。但东西究竟好不好，却很少去细细追究。这种行为，在经济学中就称为"逆向选择"，而"信息不对称"是发生这种行为的重要前提。当然，"逆向选择"将最终引发资源的不合理配置以及使用效率低下。

在现实的经济生活中，存在着一些和常规不一致的现象。本来按常规来说，降低商品的价格，该商品的需求量就会增加；提高商品的价格，该商品的供给量就会增加。但是，由于信息的不完全性和机会主义行为，有时候 降低商品的价格，消费者也不会作出增加购买的选择，提高价格，生产者也不会出现增加供给的现象。

"逆向选择"的含义与信息不对称和机会主义行为有关，却绝不是这两者所能够涵盖得了的。所以说，上海交通大学经济学院教授胡海鸥讲它只能是一种不合理经济制度下所造成的市场资源配置扭曲的现象，而不是任何一个市场参与方的事前选择。

我个人觉得"逆向选择"是一种现象，包含着不同的参与者。如二手车交易里有低质量旧车的车主，也有高质量旧车的车主，还有买家。不能因为低质量旧车主的机会主义行为，就把"逆向选择"视为洪水猛兽。

讲逆向选择，经常举的例子就是保险市场。

随着个人购买家庭轿车的数量逐渐增多，汽车保险业务近年增长得很快。可是由于车多路窄，新手又多，汽车交通事故比原来增加很多。购买了汽车保险的人由于有了保险，开起车跟开坦克似的，横冲直撞，认为反正汽车坏了有保险公司负责修理。更有人经常酒后开车，还有的是开车精力不集中，甚至打瞌睡。结果就是汽车交通事故频繁发生，致使保险公司收取的保险费不够赔付汽车修理公司的汽车修理费。

　　两年下来，保险公司已经在汽车保险项目上赔了几百万。通过分析，保险公司一致认为，汽车保险业务亏损的主要原因是保险费收取得比较低，结果就造成了收入不抵支出。要解决这一问题，唯一的办法是提高保费的额度，否则会一直亏损下去。最后的决议是提高保险费。

　　保险公司的这一决策不仅没有收到预期的效果，反而使汽车保险的保费收入开始出现下降。这是他们的决策者们所始料不及的。他们不知道在经济行为中存在着逆向选择。这种逆向选择告诉我们，愿意购买保险的人常常是最具有风险的人，而收取较高保险费会阻止具有较低风险的人购买保险。保险公司的保费收得高，投保人的出险率低，当保险进一步提高价格，因此干脆不买保险了。

　　这种逆向选择效应的根源在于保险公司所掌握的信息是不完全的。尽管公司也知道，在它的顾客中有些肯定比其他人具有更低的风险，但它不能确切知道谁是风险低的人。保险公司知道个人之间肯定存在差别，应该努力把他们划分为较好的和较差的风险类别，并征收不同的保险费。但是它做不到，因为它不能知道哪些人是高风险的，哪些人是低风险的。

　　一般来说，凡是那些积极买保险的人都是容易出险的人。因为他们容易出事故，所以常常渴望购买保险，以便意外之后有保险公司为他们付费。而风险概率较低的人则往往犹豫不决，如果保险价格提高了，反而会把他们首先拒之门外。这就是典型的逆向选择效应。

　　消费品市场中信息不对称的现象也非常明显，消费品市场是由生产者、中间商和消费者组成的，市场中的交易通常包括两个层次，即生产者与中间商、中间商与消费者的交易，或生产者与消费者的直接交易。交易中双方信息地位的优劣往往取决于他们各自所拥有的信息量：生产者的信息优势在于他了解产品的生产成本、所采用的原材料、质量水平等，而劣势在于他摸不准消费者的需求、偏好，需要进行调查才能得知；中间商的优势在于对供求双方的信息均有一定程度的了解，如通过同类商品的比较推知生产者的生产成本，通过产品销售情况推断消费者的需求态势，而劣势在于信息的精确度不高，中间商有可能通过自己掌握的信息作出错误判断；消费者的信息优势了解自己的消费水平、对自己的偏好也完全清楚，而劣势则是不了解产品质量，对产品的成本也一无所知。

如果将交易活动视做一个博弈过程，那么消费品市场中存在着生产者、中间商和消费者三方的两两博弈。要想在彼此的博弈中获得较有利的结果，博弈的一方必须掌握运用更多的信息。

因而，参与博弈的各方都十分注意自己的信息地位，他们竭尽全力了解更多的信息。就生产者而言，他会进行深入的市场调查了解市场需求状况，还可以通过营销手段的最优组合刺激需求、创造需求，有目的地强化产品的某一特征。

就中间商而言，作为专业购买者，他会尽量收集产品信息，并对产品的优点进行宣传，劝说消费者购买；在定价方面，中间商通过了所解的信息尽量压低进货价，同时尽可能提高销售价。消费者则主要从三个渠道获取商品的有关信息：媒体和销售人员、社交圈中的其他人及自身的消费经验。源于媒体和销售人员的信息通常是片面的，他人和自己的消费经验虽然可信，但这方面的信息却不一定可靠。原因在于：消费经验是从反复消费中获得的，一次性消费或购买频率较低的商品很难用经验来推断其价格；消费者面对的是异质的市场，有可能面对少数销售者控制市场价格的现象。而专利产品和一些品质不可模仿产品在垄断竞争的状况下，让销售者就拥有了影响市场的强大实力。在面对千差万别的产品和各种促销活动时，其有限的消费经验难以真正改善其信息劣势地位。

由此看来，在信息不对称的情况下，逆向选择和道德风险同样也会在消费品市场中出现。逆向选择主要表现为劣质品泛滥，道德风险则表现为卖方对买方的各种欺诈。应当指出的是，信息不对称状况并不必然导致逆向选择和道德风险，它至多只是这两个结果出现的必要条件，企业作为经济人追逐最大利润的动机为企业营销道德失范提供了充分条件。

作为经济人的企业，其利益的体现无非是利润，而要使利润最大化，自然就得降低成本，提高售价，这种行为在信息对称的条件下会带来效率的提高，而在信息不对称的状况下则极易引起营销道德失范。

天天平价——零售巨头的成功密码

> 世界上许多大型的零售企业大都早已运用"天天平价"这种经营方式，依靠成本控制，优化商品品质，改进服务以及服务创新的综合实力，以期顾客能在花费同等的条件下购买到更多更好的商品，给顾客提供相对便宜的商品。

近年来，打出"天天平价"招牌的商场在各大城市随处可见，"天天平价"之潮大有泛滥成灾之势。事实上，世界上许多大型的零售企业大都早已运用过这种经营方式，但是这些企业的平价观与单纯依靠低价竞销的方式不同，他们主要是依靠成本控制，优化商品品质，改进服务以及服务创新的综合实力，以期顾客能在花费同等的条件下购买到更多更好的商品，给顾客提供相对便宜的商品。

世界首屈一指的零售业霸主沃尔玛公司，就是把这种经营方式发挥到极致的成功范例。

"天天平价"是要以低廉的成本来做支撑的。如果无法最大限度地降低成本，那就经不起"天天平价"的考验。

很多人对沃尔玛低廉的价格与优越的品质有着良好的印象。

要是你问沃尔玛的职员：沃尔玛成功的经营秘诀是什么？回答肯定是：便宜。而且他们会举例说，5元钱进货的商品在沃尔玛卖3元钱，这就是沃尔玛的"天天平价"。

在国外，去过沃尔玛超市的人都知道，只要是在沃尔玛购物的人，手上都有一张消费凭据，上面印有的英文字样，意思就是"天天平价，始终如一"。不错，这就是沃尔玛公司驰骋全球零售业的营销战略，也是其成功经营的核心秘诀。

自古以来，商家皆谋三分利。5元钱进货的商品卖3元钱，天下怎么会有这种事呢？让我们来解读一下沃尔玛"天天平价，始终如一"背后的深层含义吧。

其实，商场不可能将全部商品都这样打折销售。商场中仅有部分商品是这样打折的，而且还是轮流打折。今天是烟酒打折，明天就是食品打折，别的商品呢？别的商品价格和其他超市的价格一样。沃尔玛真实的销售情况就是这样的。

先说消费者。很明显，那些知道打折商品而又意欲购买的消费者很乐意去购物。可是去超市就要花车费与时间。既然去了，既然花了车费与时间，理性的选择怎么可能只买打折商品呢？通常，总要买些其他商品。而那些不知道打折商品的人又应该如何呢？尽管不知道具体打折的是哪些商品，可是既然有打折商品，而其他商品又不比别的超市贵，为什么不去沃尔玛呢？

再看厂家。尽管沃尔玛的"天天平价"让商品的平均单价降低了，可因为"天天平价"却吸引了大量的消费者，必然会提高销量，总利润肯定不减反增。为吸引那些就算知道打折也不买打折商品的消费者，以最大限度地增加销量，沃尔玛不可能让每个人都事先知道具体的打折商品。它是要让一些人知道，又要让一些人不知道的。这或许就是"天天平价"表现为轮流打折的原因吧。

通常而言，只有那些大型连锁超市，才能够很好地做到这些。因此，我们看到大型连锁超市都会在不同程度上实行这种"天天平价"的营销策略，而那些小超市则更多地凭借便利的地理位置来出售日用品、食品和烟酒等商品。这也就可以用来解释，为什么在生活中我们通常只能看到那些大型超市在实行"天天平价"的营销策略，而那些社区的小超市、商店或农村的商店，却很少会出现这种轮流打折的情况。

然而"天天平价"是要以低廉的成本来做支撑的。如果无法最大限度地降低成本，那就经不起"天天平价"的考验。沃尔玛就是通过以下一些措施来降低成本的。

第一，实施仓储式经营管理。沃尔玛的商场装修简洁，大部分商品都采用大包装，同时店址通常不会选在租金比较昂贵的商业繁华地段。

第二，和供应商密切合作。通过电脑联网来实现信息共享，这样供应商就可以在第一时间内了解沃尔玛的销售与存货情况，以便及时安排生产活动与运输任务。

第三，以强大的配送中心与通信设备做技术支撑。沃尔玛拥有全球最大的私人卫星通信系统与最大的私人运输车队，每个分店的电脑都和总部相连，通常分店所发出订单后的 24 小时内就能接收到配发中心送来的物品。

第四，严格控制管理费用。沃尔玛对于行政费用的控制非常严格，比如规定采购费不超过采购金额的 1%，公司的整个管理费是销售额的 2%，而行业的平均水平是 5%。

第五，尽量减少一切不必要的广告费用。沃尔玛认为，保持天天平价就是最佳广告，所以不做太多促销广告，而是用节省下来的广告费用推出更为廉价的商品，回报顾客。

另外，"天天平价"还要以产品的丰富性与多样性为前提。唯有如此，才能更好地轮流打折，做到让一些人知道具体的打折商品，而另外一些人不知道。

　　不过问题是，其他超市不会模仿沃尔玛这种方法吗？若其他超市模仿，最后平均单价降低了，销量也不会增加，那岂不是搬起石头来砸自己的脚吗？其实，肯定会有超市模仿。如家乐福、华联、华润万家等大型超市就常常打折促销。当然，这种打折也常常是以轮流打折的形式出现的。

　　在产品质量、价格、服务态度、品牌更新等因素中，各大超市相互竞争，提供的产品正规且价格便宜，足以迎合消费者的普遍心理需求。

　　但在服务上却是很难做到。服务态度一直是零售业企业所倡导的，也是招揽消费者和提高美誉度的最好方式之一，正因如此，这也一直成为零售业的"软肋"。

　　消费者在对零售企业作出改进意见时，普遍认为"服务态度"是重中之重，被列为首位，其次才是产品质量、价格、品牌更新等方面。

　　如果我们一味地认为沃尔玛就是靠"平价"占领了中国市场，那么就把沃尔玛看得太简单了。纵观沃尔玛的"平价"，确与我国很多零售商的"天天平价"大相径庭。消费者购买的是整体概念的商品，而不是商品的一部分，许多商家为了压低价格就想方设法简化无形的服务或提供粗糙的服务，给消费者带来无形的损失。从这种意义上讲，消费者并没有享受到真正的平价，反而其权益受到很大侵害。

　　沃尔玛创始人说："我们都是在为顾客服务，也许你会想到你是在为你的上司或经理工作，但事实上他也和你一样，在我们的组织之外有个大老板，那就是顾客，顾客至上。"

　　沃尔玛的"平价"观紧密地包含了两个方面：一是千方百计地降低成本，降低售价，为顾客提供价格最低、品质超群的商品；二是为顾客提供超值的服务，在顾客花费一定的情况下，能获得相对平价的服务。

　　这种观念是以"顾客为上"的信念为指导的，家乐福也是如此做的。家乐福的公司使命是："我们所有的努力是为了让顾客满意。我们的零售活动是通过对商品及品质的选择，提供最佳价格，来满足顾客的多变需求。"家乐福的使命反映了家乐福管理者的价值观，表明了家乐福应为自己树立的形象，界定了企业为社会服务的范围和所满足的社会基本需求，是家乐福战略体系的总纲，指引着全体员工朝着一个方向努力。

为了实现这一使命，家乐福一直在不懈努力。家乐福商场的经营理念是以低廉的价格、卓越的顾客服务和舒适的购物环境为广大消费者提供日常生活所需的各类消费品。商场实行自助式服务，免费停车，超低售价，高效率购物等一系列服务。

采用当地采购，确保为当地消费者提供鲜活优质的食品。家乐福发展和服务的根本是更好地满足和顺应消费者的购物需求，让利消费者，并将其先进的营业设备和全新的零售经营理念引入世界各地，积极改善人们的消费素质和生活水准，刺激消费需求，促进和推动当地经济的发展。

从这些大企业的成功案例中，中国的零售业也应该看到自己的不足，对于中国的零售业来说，价格做得再低，也容易忽视购买过程中的另一个问题，那就是零售业低价能否配合上高质量的服务。

若售货员显得漠不关心、准备不充分，并且对顾客很冷淡，由此所导致的业务量流失更大，而且更易于造成不好的口碑。不愉快的购物经历可能由许多不同的原因造成，包括停车、商店布置等等。虽然有些方面是零售商无法控制的，但是有些因素却是零售商可以改善的。

加盟经济——双赢的商业经营模式

加盟经济以其"双赢"魅力而成为当今世界流行的商业经营模式。很多地方开始流行特许加盟这种创业方式，无论零售、餐饮还是干洗业、健身、汽车服务等，许多人都选择了"大树下面好乘凉"的方式———开一家加盟店。

先来给大家讲一个财富故事：

一个精明的荷兰花草商人，从遥远的非洲引进了一种名贵的花卉，培育在自己的花圃里，准备到时候卖上个好价钱。对这种名贵花卉，商人爱护备至，许多亲朋好友向他索要，一向慷慨大方的他却连粒种子也不肯给。他计划繁育3年，等拥有上万株后再开始出售。

第一年的春天，他的花开了，花圃里万紫千红，那种名贵的花开得尤其漂亮，就像一缕缕明媚的阳光。第二年的春天，花却没有去年开得好，花朵略小不说，还有一点点的杂色。到了第三年的春天，他的名贵的花已经繁育出了上万株，但令这位商人沮丧的是，那些花朵已经变得更小，花色也差多了，几乎没有了它在非洲时的那种雍容和高贵。

植物学家告诉他，尽管你的花圃里种满了这种名贵的花，但和你的花圃毗邻的花圃却种植着其他花卉。你的这种名贵的花被风传授了花粉后，又染上了毗邻花圃里的其他品种的花粉，所以你的名贵的花一年不如一年了，越来越不雍容华贵了。

商人问植物学家怎么办，植物学家说："谁能阻挡住风传授花粉呢? 要想使你的名贵的花不失本色，只有一种办法，那就是让你邻居的花圃里也都种上你的这种花。"于是商人把自己的花种分给了自己的邻居。后来，这些花一上市，便被抢购一空，商人和他的邻居都发了大财。

十年之前，相信人们对加盟经济还颇为陌生，更不会想到要从中掘桶金。而现在，伴随着北京、上海等大城市加盟经济的升温，很多地方也开始流行特许加盟这种创业方式，无论零售、餐饮还是干洗业、健身、汽车服务等，许多人都选择了"大树下面好乘凉"的方式——开一家加盟店。

加盟经济以其"双赢"魅力而成为当今世界流行的商业经营模式。美国目前有 35 万家零售店的经营方式是特许经营的，这些商店的销售额占到全国零售总额的 32%。英国的特许经营店在 90 年代初仅为 2000 家，上世纪 90 年代末则发展到了 2 万家，销售额超过 60 亿英镑。日本、加拿大、澳大利亚、法国等国家特许经营也成为最受欢迎的商业模式。

目前在北京、上海等大城市，特许经营正在成为越来越多人接受的创业方式。仅去年，上海就新增特许加盟店门店 2500 多家，占到门店的 28%。上海最成功的加盟企业之一——"吉祥馄饨"以每年创立 20 多家加盟店的速度发展。目前在外地就发展了 50 多家加盟店。正如业内人士所说，加盟经济有比较规范的管理模式，对高回报无疑有着很大的吸引力。

以肯德基加盟为例，真的是"背靠大树好乘凉"。培训是加入肯德基时必备的内容，成功的候选人在经营餐厅前将被要求参加一个内容广泛的为期 12 周的培训项目。12 周的餐厅培训使加盟者有效掌握经营一家成功餐厅需要了解的值班管理、领导餐厅等课程，还包括如汉堡工作站、薯条工作站等各个工作站的学习。

加盟商接手餐厅后，还要安排为期 5~6 个月的餐厅管理实习。在培训过程中，未来的特许经营商将承担自己的费用(交通费用、生活费用)。

可以看出，在特许经营的严格规定背后，是肯德基总部和加盟店共同的利益关系。肯德基的成功取决于各加盟商的成功。特许经营授权人必须给予受许人以足够的支持，只有当每个受许人赢利了，整个特许经营系统才能变得更加强大。这些培训课程一方面提高了候选人的工作能力，为肯德基培养了合适的管理人才；另一方面使候选人认同肯德基企业文化，具有浓厚的服务理念，从而实现肯德基总部和加盟店的共同成长。

特许经营是一种先进的商业模式，有很大的优越性：一、被特许者运用一个成熟的赢利模式来经营，减少了投资风险。而且总部提供的分店管理模式和方法，可以帮助被特许者进行有效的运作。二、总部的品牌、商号及产品，使加盟店有了足够的人气。三、总部统一的配送体系使产品成本有较强的竞争力。四、在广告宣传上与总部的资源共享也可以使被特许者节省很大的精力。五、如果被特许者还想加盟一个好的特许体系，也使自己具备了采购、融资等方面谈判的筹码。

因此，有人把特许经营看做创业者的最便捷的投资方式，是"站在巨人肩膀上摘桃子"，可以迅速实现做老板的梦想。当然，在选择时，一定要看清有些所谓的"加盟"，只为了骗加盟者的加盟费。即使正规的机构，也要详细考察对方的实力，他凭什么保证你的代理权益？谈什么独占权？简单地说，如果并不是独家"秘方"，即使这个加盟公司不是骗子，但如果你把这个品牌做火了，你的竞争对手也复制跟你一样的店面、品牌，然后用更低的价格或其他恶劣的竞争方式与你竞争，你能怎么办？你完全没有办法。他可以轻松地就让这个所谓的品牌垮掉而不用负半点法律责任。

阅读以下的几点，让你逐步了解典型的加盟连锁骗局的几个特征：

1. 精心调查，防患于未然

所有寄希望于连锁加盟稳健投资创业的人们，与其到发现受骗上当之后，再诅咒、痛恨、恨不得杀了那些做局坑自己的招商盟主/连锁总部，不如在进入该行业之前，先弄清这个行业可能存在的风险和猫儿腻，调查明白各家的信誉、实力，将恶名早已在外的招商盟主／连锁总部排除在选择之外。

如果自己不具备调查的实力，可以向专家、学者或国家相关行业和监管执法部门咨询，借助外部力量保护自身合法的连锁加盟投资权益。

2. 不要轻信招商盟主／连锁总部的意向书、格式合同

大多数招商盟主／连锁总部都聘请或组建了专职甚至庞大的律师团队，但希望通过投资连锁加盟店创业的人们，千万别轻信招商盟主／连锁总部的法律服务会公正地帮助你们。

无论从道义还是法律的角度，他们都没有这个必要和义务维护你连锁加盟合法的正当权益。许多招商盟主／连锁总部不仅通过事先拟定的格式合同最大限度地确保其主导地位和各项权益，更通过事先拟定的格式合同制造合同陷阱、逃避法律责任。

因此，别轻信招商盟主／连锁总部的格式合同，而要看清合同条文、避免合同陷阱。发现不妥当、有争议的合同条文，该反对的反对，该修改的修改，该删除的删除，一定要本着对自己身家性命和全家幸福负责任的态度对待合同条款。在弱肉强食的连锁加盟市场，投资加盟客户自己不保护自己的利益，谁还能保护你的利益呢？

3. 聘请律师和专家把关合同条文、避免合同陷阱

在进行这项关系你事业成败乃至全家幸福的连锁加盟投资之时，你应该聘请一两位信得过的律师和连锁加盟行业资深专家随行。

这实际上是很有必要的，虽然从表面来看，付出了昂贵的律师费和连锁加盟专家咨询费，但是把这两项费用和你期望获得的连锁加盟店铺经营利益或你期望避免遭受连锁加盟店铺经营的风险损失相比，实在是九牛一毛。

示范效应——你买，我也买

> 示范效应，即向别人学习的现象。在日常生活中，我们常常会
> 发现这种现象：当你的同事或者邻居买了某种商品，引得其他人羡
> 慕的时候，你也会跟着购买这种商品。

明眼人会发现，现在人们生活中的托儿越来越多了。

不光是卖鞋的有"托儿"，拍卖行业更是用"托儿"做钓饵，期望钓到竞价的冤大头买家。据说，拍卖市场都认作者的名头，什么名头的字画卖什么价。资深藏家透露，这名头、价格其实很大程度上靠炒作。

怎么炒？最常见的是画家雇自己的亲朋好友、学徒弟子自买自卖。为了保证拍卖会现场不冷场，拍卖公司事先就向有拍品的画家、书法家打招呼："你们自己要带人来买啊，否则，东西卖不出去，我们不负责。"

示范效应，其实就是向别人学习的现象。它实际是出于动物的本能（包括高级动物人和普通动物）。比如，猴子喜欢吃桃子，可是它们从来都不会洗桃子。人们找一个小猴子并教会它吃桃子之前先把桃子洗干净再吃。一段时间以后，再把这个小猴子放进猴群，当它吃桃子的时候就会先洗干净再吃，可其他猴子不仅不学它的方法，反而还会排斥它。

人们又找了一个猴王，教它吃桃子之前先洗干净。之后再把这个猴王放回猴群，这时情况发生了变化：众猴子纷纷效仿，洗完桃子再吃成为了猴子世界的一种时尚标志。人类的示范效应正是根源于这种动物本能，并

由社会因素的影响而渐渐演变形成。示范效应在市场经济环境下，是有利于促进经济发展的。

早在古代，也有示范效应的范例。春秋时期，楚王喜欢身材纤细的女子，于是后宫的众多佳丽为了得到楚王的宠爱而纷纷节食，力争做最苗条的宫女，最后的结果是个个饿得面黄肌瘦、弱不禁风。这个"楚王好细腰"的古代寓言，虽然有着很明显的讽刺意味，但是从现代经济学的角度来看，这正是"示范效应"的雏形和起源。楚王是一国之君，他的这种偏好自然会引起整个社会的消费时尚发生变化，而这种消费时尚变化的动力则来自"示范效应"的影响。

现实社会中，这种示范效应比比皆是，时尚消费是永无止境的，没有"楚王好细腰"，就不会出现减肥产品，没有明星的意外"收获"，就不会有乞丐服的出现。所以，"示范效应"可以当之无愧地被称做消费市场背后一只促进经济发展的"无形的手"。

以前裤子上有洞，是贫穷的象征，而现在却成了时尚的标志，这种变化来源于"粉丝"们对明星的追捧。

一天，某明星应邀参加某节目演出，由于特殊原因迟到了，当主持人宣布由他出场的时候，他匆忙中才发现自己的裤子上刮破了一个大洞。但来不及多想，他依然充满自信地走上台去。一首歌完毕，他已经完全忘记了自己衣服的状况，专注用心地和观众作着交流和互动，不时地引起台下观众热情的掌声。

最终，让他没有想到的是，演出非常成功。更让他没有想到的是，他衣服上的洞也成为"粉丝"们的新宠，一些痴迷的观众为了效仿他的服装，还故意将自己最喜爱的衣服剪出破洞。精明的商家瞄准了这个有利的商机，顺应歌迷们的心愿，迅速推出了带着"破洞"的服装，并美其名曰"乞丐服"。于是，一股乞丐服的风暴汹涌而来，购买乞丐服的人络绎不绝，以青年人居多。

那位明星没有想到自己一次无意的错误，竟能引起如此大的市场波动，而歌迷们更没有想到也不可能知道的是，自己的这种消费时尚竟来源于偶像的一个意外疏忽。由此我们也可以理解，商家高价邀请明星做自己产品代言人的特殊用意了。"明星"成了通向消费者的桥梁、连接消费者的纽带，是商家促进销售的"法宝"。从经济学的角度讲，其实这些商家利用的是"示范效应"。

在日常生活中，我们常常会发现这种现象：当你的同事或者邻居买了某种商品，引得其他人羡慕的时候，你也会跟着购买这种商品。

一次出差，小丽与另外一个部门的同事小美结伴而行。出差的间隙，小丽和小美少不了安排在空闲的时间到当地的商场去购物。

平时购物，小丽都喜欢挑选一些中等价位的产品，普通的衣服一般在几百元，很少有四位数的；购买化妆品，也是挑一些自己可以承受的二线品牌，又实惠质量也不差。可是同与自己收入相当的小美相比，小丽不由得自惭形秽起来，觉得自己简直太小儿科了。

小美出手很阔绰，七八百元的化妆品，上千元的衬衫，四五千元的皮包，她买起来似乎眼睛都不眨，还连呼当地的商场比上海便宜，动员小丽一起血拼。可是在小丽看来，这些打折后的商品尽管比上海的便宜一些，也远远超过了自己的消费能力。

从商场回来，小丽就后悔了。和小美快乐的单身生活不一样，小丽刚刚结婚，已经组建了自己的一个小家庭，每个月还要和丈夫一起偿还一笔不小的按揭款，买一个手提包就花掉了自己半个月的薪水，想想下个月还要去偿还信用卡的情景，小丽就开始有点担忧。

其实，偶尔购买一件奢侈品也算不了什么大事。但是对小丽来说更重要的是，自己的消费心态受到了不小的影响。女性之间难免进行攀比，想想同事和自己的收入差不多，购物时那么爽快，小丽心里就开始有点不平衡，为什么我不能像小美那样把自己的消费水平提高一个层次呢？

由此可见，人们的消费行为不但受收入水平的影响，而且受其他人——主要是那些收入与其相近的人——消费行为的影响。这就是示范效应在起作用。

示范效应这个名词最早是心理学家对人类行为研究所作的总结，现在已广泛地被经济学家用于研究人的经济行为，尤其是人类的消费行为。

示范效应往往是双向的，这就是所谓"坏"榜样和"好"榜样所起的影响。从动态上看，示范效应最终会使少数成为主流。

那么人们最终为什么会形成这种主流趋势呢？从诺贝尔经济学奖获得者加利·伯克尔的著作《口味的经济学分析》的理论中，可以得到解释。

有趣的是，伯氏这个理论的得出与他经常陪太太去餐馆有关。当时，在加利福尼亚有两家海鲜餐馆。伯克尔发现他太太总有一个非常奇怪的行为，就是在两家餐馆中，她总选座位被占满的那家。而在伯克尔看来，两家餐馆质量完全一样，差别在于，其中一家餐馆人多，而另一家人少得可怜。为什么会出现这种情况呢？

经过细心的观察研究，伯克尔得出了后来获诺贝尔奖的基础理论之一：理性的人们支持他们自己的生活方式。也就是说，是否理性取决于生活的方式……因此，不可能存在一个其行动对于每个人都是理性的行动集。也就是说，消费者对某些商品的需求，取决于其他消费者对这些商品的需求，简称消费的示范效应。

消费者在认识和处理自己的收入与消费及其相互关系时，会和其他消费者相比较。例如，单位组织向贫困地区捐款，这对捐款的人来说是消费支出。有些人在这时不一定是看自己收入的高低，而是会先看看周围的人捐了多少。他们会根据自己的判断，觉得自己应该跟哪些人捐一样多。

即使他的收入比别人高点，他也不会多捐，他担心有出风头的嫌疑。即使他的收入较低，他也要向某一部分人看齐，甚至会打肿脸充胖子，他不愿意别人说他小气。从理论上讲，这里所表现的就是消费的示范效应。这就使我们看到消费者分成了许多群体，有许多消费者自觉不自觉地把自己算在一定的群体内，他的消费向这个群体内的其他人看齐。

在市场环境下，特别是在商品供应比较丰富的情况下，消费的示范效应表现得越来越明显，对市场供求关系起着比较大的影响。有人看到别人的衣服漂亮，不管自己穿着好不好看，也要千方百计买一套穿在自己身上。"名牌效应"也是示范效应的典型现象，这完全可以解释为什么各种商家要不惜重金聘请"明星"作商品广告了。

在现代社会中，示范效应随时都左右着人们的经济生活，以及消费习惯。当消费者看到有些人因收入水平或消费习惯的变化而购买高档消费品时，尽管自己的收入没有变化，也可能效仿他人扩大自己的消费开支，或者在收入下降时也不愿减少自己的消费支出。

销售未来——消费者时代的产物

　　顾客更具感性。需求并不是理性的，而是感性的。因此不应当向理性，而应当向感性发出呼吁。不应当攻略头脑，而应当攻略心灵。但数据不能攻略心灵，所以千万不要只追求收益率。我们应该在掌握具体数据的基础上，给予顾客理论方面的解释，向顾客展现其核心形象和未来形象。

首先来听这样的一段对话：

有一次，柯达创始人乔治·伊斯曼对一位保险推销员提问道：

"你知道柯达公司销售什么产品吗？"

保险推销员不知怎么回答，充满疑惑地回答说：

"我们公司销售照相机。"

"错了。"

"胶卷。"

"错了。"

"那么是照片吗？"

伊斯曼又摇了摇头说：

"你的回答全错了。我们销售的是回忆。"

意愿图像是人们行为的源泉，销售不但销售回忆，还销售未来。消费者的王朝已然到来，消费者已经变得比以前更为见多识广，并且结成了一个个的社区。这在汽车、消费类电子行业显得非常明显。消费者可以轻易在网络上得到这些产品的信息，并且随意购物。

这时候，如何推销自己的产品，就成了每一个营销人员必须关注的课题。

有一句谚语叫"牛不喝水强按头"，意思是强迫别人做某事。这当然是做不到的。但是我们可以想办法让牛主动喝水：第一，把牛放出去运动，运动出汗后，牛自然会喝水补充身体内的水分。第二，在草料里放点盐，牛吃草后自然会渴，也就有了喝水的需求。

对于这一点，保险人员非常懂得利用。

例如，保险人员会按照顾客的特点和需求向他们勾勒适合各自现状的蓝图。面对对汽车感兴趣的顾客，你应向他描述开高档轿车的画面；面对喜欢旅行的顾客则应描述，躺在普吉岛的沙滩上观望翡翠色大海的图画，在11月枫叶正艳的九州享受温泉浴的温馨图画；面对担心自己健康的顾客，应描述不为钱而愁眉苦脸，安心养病的图画，以及领到了保险赔付后欢欣鼓舞的亲人们的图画。

这是个让市场营销专家备感沮丧的趋势，常规的广告宣传攻势、炒作已经越来越失去作用。而好的产品，却往往并不需要推广，它往往会因为在顾客的未来蓝图里发挥作用，而备受追捧。

帮助顾客把好处想够，把痛苦想透，他就会愿意和你成交。你帮助客户想好图像，实质上就是建立一种意愿，一旦一个人心中有图像了，他就会自己给自己搜索，然后给自己建立起一种决定。

可见，要想让人主动做某件事，必须给他创造一定的需求。

人们买东西时也是有心理需求的，搞销售的，就是要把人们的那种需求，给它明显化，给它摆出来，这样就起到了销售的作用。这就好比在家里，有一口挂钟挂歪了，你第一个反应是什么？我想绝大多数人都会说：

"去把它扶正。"而且是不用别人提醒，自己也会马上这么做。为什么不用呢？因为这是自己的家，东西歪了看着不舒服。

与合理性相比，顾客更具感性。需求并不是理性的，而是感性的。因此不应当向理性，而应当向感性发出呼吁。不应当攻略头脑，而应当攻略心灵。但数据不能攻略心灵，所以千万不要只追求收益率。我们应该在掌握具体数据的基础上，给予顾客理论方面的解释，向顾客展现其核心形象和未来像，而不要讲长篇故事。这正是向顾客的心灵发出呼吁的方法。

这就告诉我们一个道理：人们内心有一个正确的图像，如果与现实出现了反差，歪了，就会产生认知不和谐，这时人们就会感觉有种压力，有种不安的感觉，甚至会因此产生一种动力——把它扶正。而且，这种动力是自动自发，自行负责的。

销售就是这么进行的，当人们的现状是歪的时，我们必须给他树立新的正确的图像。否则，倘若客户心中没有正确图像，歪的时候他也会觉得我现在挺正常的。如果你成功地把新的形象给他树立清晰，客户就会喜新厌旧，他便会自动搜索，自动校正，直至他将现在的图像和你给他树立的图像吻合了以后，才会觉得满意，这样，客户也就达成了你的成交目的。

让我们看看下面这个例子：

有家公司的总经理很奇怪地发现，他的某位雇员一天竟然卖了30万美元的货物，于是他便去问个究竟。

"是这样的，"这位销售员说，"一个男士进来买东西，我先卖给他一个小号的鱼钩，然后告诉他小鱼钩是钓不到大鱼的，于是他买了大号的鱼钩。我又提醒他，这样，不大不小的鱼不就跑了吗？于是，他就又买了中号鱼钩。接着，我卖给他小号的鱼线、中号的鱼线，最后是大号的鱼线。接下来我问他上哪儿钓鱼，他说海边，我建议他买条船，所以我带他到卖船的专柜，卖给他长20英尺有两个发动机的纵帆船。他告诉我说他的车可能拖不动这么大的船。于是我又带他去汽车销售区，卖给他一辆丰田新款豪华型'巡洋舰'。"

经理后退两步，几乎难以置信地问道："一个顾客仅仅来买鱼钩，你就能卖给他这么多东西吗？"

"不是的，"这位售货员回答说，"他是来给他妻子买针的。我就问他，'你的周末算是毁了，干吗不去钓鱼呢？'"

看似不可能取得的销售奇迹，究竟是如何取得的？答案很简单：是通过一次又一次地在客户心目中建立新的意愿图像，帮助客户发掘自己没有意识到的需求，来实现成交的。

类似于这样的事例还很多。通过推销员们为顾客所做的切实的构想，人们对推销工作的消极认识已经发生了转变，将来势必会发生更大的变化。作为顾客信赖的伙伴，时刻为守护顾客的幸福，协助顾客取得成功而努力，是经济学在生活中的完美表现。

第八章

对外交往中的经济学

热钱——凶猛的金融鳄鱼

> 热钱，又称游资或投机性短期资本，目前官方对其尚无明确定义，通常是指以投机获利为目的快速流动的短期资本，而且进出之间往往容易诱发市场乃至金融动荡。热钱的投资对象主要是外汇、股票及其衍生产品市场等，具有投机性强、流动性快、隐蔽性强等特征。

热钱，又称游资或投机性短期资本，目前官方对其尚无明确定义，通常是指以投机获利为目的快速流动的短期资本，而且进出之间往往容易诱发市场乃至金融动荡。热钱的投资对象主要是外汇、股票及其衍生产品市场等，具有投机性强、流动性快、隐蔽性强等特征。

多种因素促成了热钱的产生与扩大。首先，一些国家在20世纪七八十年代放松了金融管制，对资本流入、流出国境的限制也取消了，这就为热钱的形成创造了机会。其次，新技术革命加速了金融信息在全世界的传播，极大地降低了资金在国际间的调拨成本，提高了资本流动速度。除以上两种因素之外，以远期外汇、货币互换和利率互换、远期利率协议、浮动利率债券等为代表的金融创新，为热钱提供了新的投资品种和渠道。这些因素使得金融市场全球化进程加速，使全球国际资本流动总量大幅增加，热钱的规模和影响也随之越来越大。

由于热钱的特性，要甄别并确定其规模并不是一件容易的事。基本上，目前所有衡量热钱规模的方法，都建立在国际收支平衡表的基础上。因此，准确估算热钱规模的重要前提条件是透彻理解国际收支平衡表的结构。

有专家指出，热钱并不是一成不变的，在一定情况下一些短期资本可以转化为热钱，长期资本也可以转化为短期资本，关键在于经济和金融环境是否会导致资金从投资走向投机。

随着一系列相关金融数据的公布，市场关于境外热钱进入中国的种种猜测进一步加剧。业内人士普遍认为，虽然对于热钱涌入中国的规模和途径仍存争议，但毋庸置疑的是，快速进出的热钱正成为影响中国资本市场、房地产市场健康发展以及宏观经济运行的一个不可忽视的因素。

那么，该如何甄别热钱数目，这是一件很困难的事情。但当前快速进出中国市场的游资数额却大大地增加了，热钱为什么"相中"中国？其实，这是因为中美"利差倒挂"以及人民币升值带来的套利和套汇加剧了海外短期资金入境规模。仅套利和套汇，就可让热钱收益超过至少10%。

2007年美国次贷危机爆发，美联储为拯救市场，从2007年9月起，连续7次降息，联邦基金利率由5.25%降至2%，与此同时，中国人民银行2007年起连续六次加息，一年期存款基准利率从当时的2.52%提高到4.14%。一年之间，中美利差反转并呈逐渐扩大的趋势，加剧了海外套利资金的进入。

在美元持续贬值背景下，全球热钱正急于寻找出口，新兴市场成为热钱流入目的地。人民币升值因素进一步加剧了游资套汇冲动，加快了热钱的进入速度。仅2008年一季度，人民币对美元升值幅度超过4%，成为汇率改革以来人民币升值幅度最大单季。

当前，过多热钱进入中国会放大市场的流动性，造成流动性过剩，而货币供给越多，中国面临的通胀压力就越大。此外，热钱还加大了人民币升值压力。而投机资金进入股市、楼市后，容易制造泡沫。

人民币对美元升值之前 8.5 元人民币换 1 美元，现在不到 7 元就可换到。中国人到国外去玩、去购置产业就更廉价了，显而易见富人手里的钱更值钱了。但是指着工资生活的老百姓没有得到多少好处。以前买一个烧饼五毛钱，不会因为人民币升值而变为四毛，相反境外游资来豪赌人民币升值，大量热钱促使物价上涨。

大量热钱涌入，给人们的就业带来了一定的困扰。外国企业为什么愿意到中国来开办工厂呢？他们不是为了活跃中国的经济而来的。虽然从客观上讲他们的确活跃了中国经济，但是从本质上说，他们来中国的目的是来挣钱的。和很多发达国家比，我们国家的确拥有着他们发达国家不具备的优势，那就是在中国，我们有着低廉的劳动力成本。

但是，一旦人民币升值的幅度威胁到外国企业的利益，这些外国企业就会撤资，去寻找更低廉的劳动力市场。因为在外国企业，人员工资等费用是以人民币结算的，这样的结果还会不利于中国产品的出口。由于换汇成本问题，你的东西在国际市场上贵了，肯定影响到占有率。

升值前 1 美元等于 8 元人民币，升值后，1 美元只折合 7 元人民币。假设包子 1 元人民币 1 个，升值前，外国人用 1 美元本来能买 8 个包子，升值后，1 美元只能买 7 个包子了。也就是说中国的东西变贵了，那外国人就会不买你的东西，而去买更便宜的东西，因此，中国的出口量就要减少。这样一来，国内的企业特别是出口企业就更困难了。

大量热钱进入，在助推资产价格非理性上涨的同时，还会加大外汇占款规模，影响到货币政策的正常操作。此外，如果热钱大规模回流，将扰乱我国金融体系的正常运行。这就需要合理控制人民币升值预期，加大贸易检查和制裁的力度，并努力保持资产价格的合理估值水平，限制资产市场价格过快上涨。

汇率——人民币"破 7"

汇率变化好比一柄"双刃剑",对经济发展和金融秩序有利有弊。保持人民币汇率基本稳定就是保证经济发展的稳定,也能为中国的经济增添新的光彩。

一天,三位经济学家坐在一起讨论人民币升值的问题。

第一个经济学家说:"如果现在人民币升值,咱们口袋里的人民币就值钱了,出国也神气多了。"

第二个经济学家反对道:"如果现在人民币升值,恐怕你还没出国,就失业了。"

第三个经济学家总结了一下,说道:"如果人民币汇率保持稳定,随着经济发展,咱们口袋里的人民币还会多起来,出国时才能神气起来。"

这个故事的核心是人民币汇率上升的意义。从三位经济学家的对话我们应该知道,在人民币汇率的问题上应该要有大局意识,要有长远眼光,汇率稳定才最有利于中国经济的发展。

汇率和利率一样,与经济和金融息息相关,是国际贸易中常见的词语。比如,在国内人们使用的是人民币,但是在美国,你想买美国产的计算机,就不能使用人民币了,或者你要按照当期汇率支付人民币,总之销售商是按美元收取商品价款的;同样的道理,美国人要买中国制造的产品,也要按照人民币与美元的汇率进行支付。

因此，人们便在国际贸易中引进了"外汇汇率"的概念，即一国货币单位兑换他国货币单位的比率，以一种货币表示另一种货币的价格。由于世界各国货币的名称不同，币值不一，所以一国货币对其他国家的货币都要规定一个兑换率，即汇率（Exchange Rate）。

汇率是国际贸易中最重要的调节杠杆。因为一个国家生产的商品都是按本国货币来计算成本的，但是要拿到国际市场上销售，其商品成本与售价一定会与汇率相关。汇率的高低也直接影响着该商品在国际市场上的成本和价格，进而决定了该商品的国际竞争力。

假如人民币外汇比率是 100 美元兑 68678 元人民币，购买计算机价格是 1000 美元，那么根据汇率，你需要拿出 686780 元人民币。

再如，一件价值 100 元人民币的商品，按照 1 美元兑 687 元人民币计算，则这件商品在国际市场上的价格就是 1456 美元（计算公式为：实际价值／汇率）。假如美元兑人民币汇率涨到 1：700，也就是说美元升值、人民币贬值，那么该商品在国际市场上的价格就是 1429 美元。商品在国际市场上的价格降低，竞争力增强，产品销售量提高，从而刺激该商品的出口。反之，如果美元兑人民币汇率跌到 1：600，也就是说美元贬值、人民币升值，那么该商品在国际市场上的价格就是 1667 美元。产品的价格升高，销售量肯定会下降，这种结果也会阻碍商品的出口。同样，美元升值而人民币贬值就会刺激中国商品的出口，反过来美元贬值而人民币升值却会大大刺激进口。

从上面的分析中人们可以明白，为什么国外的一些人士，从来就不会为中国的钱更值钱了而头疼，那是因为，人民币升值会大大增加我国出口商品在国际市场上的成本，进而影响销售量。同时，人民币升值还会刺激中国大量进口国外的商品。

可以看出，汇率的波动会给进出口贸易带来巨大影响，因此实行相对稳定的货币汇率政策是很多国家和地区的首选。近年来，中国的出口额稳步增长，就要归功于稳定的人民币汇率政策。

从实行 2005 年的汇率政策以来，人民币对美元保持持续升值的态势。到 2008 年，人民币兑美元的汇率首度破 7，人民币汇率一时又成为舆论的焦点，甚至普通百姓也会热议人民币升值问题。有的人认为人民币升值是好事情，而有的人认为人民币升值是坏事情。那么，到底人民币升值是好是坏呢? 对于普通百姓来说有多大影响? 该如何对待人民币升值?

总体来说，人民币升值是大势所趋，关键是如何升。其实，客观地说，人民币升值是一把"双刃剑"。升得恰到好处，对我国有利; 升得不好，则对我国有害。具体来说，有利的方面体现在以下几点:

（1）人民币升值给国内消费者带来的最明显变化，就是手中的人民币"更值钱"了。你如果出国留学或旅游，将会花比以前少的钱; 或者说，花同样的钱，将能够做比以前多的事。如果买进口车或其他进口产品，你会发现，这些东西不再那么高高在上了，它们的价格便宜了，从而让老百姓得到更多实惠。

（2）人民币升值可能意味着人民币地位的提高，中国经济在世界经济中地位的提升。一国货币的升值和贬值，是一国国力的象征。近年来，人们到东南亚各国去旅游，只要带人民币就可以了。人民币并不能自由兑换，为什么东南亚各国会接受人民币呢? 那是因为中国经济实力增强了，人民币获得了人们的认可和信任。这样，靠经济实力说话的人民币自然而然也就获得了更大的国际事务话语权。

（3）有利于进口产业的发展。人民币升值以后，其购买能力提升了，企业进口的成本就降低了。

那么，综合来看，人民币升值的弊端有什么呢? 重点体现在以下方面:

（1）人民币如果升值，大量境外短期投机资金就会乘机而入，大肆炒作人民币汇率。在中国金融市场发展还不很健全的情况下，这很容易引发金融货币危机。这就好比是一户本来很穷的人家，来了一个巨富亲戚，为他们带来了暂时的"富裕"生活，因而外人便借给这家人巨资，不料这户人家的富亲戚突然消失，留给这户人家的只有高筑的债台，最终导致这家人崩溃破产。

（2）人民币升值会影响到我国外贸和出口。人民币升值，就会提高中国产品的价格，加大资本投入的成本，带来的是我国出口产品竞争力的下降，从而引发国内经济的不景气。

（3）人民币升值不利于我国引进境外直接投资。我国是世界上引进境外直接投资最多的国家。目前外资企业在我国工业、农业、服务业等各个领域发挥着日益明显的作用，对促进技术进步、增加劳动就业、扩大出口，从而对促进整个国民经济的发展产生着不可忽视的影响。人民币升值后，则会对外资造成很大的影响。

20世纪80年代，中国台湾也曾经历过大陆现在的压力，在台币对美元的汇率从1：40涨到1：25后，一些传统的低附加值产业纷纷转移到东莞。同样，有专家分析，如果人民币升值，这些传统产业又会从东莞转移到中亚、越南等更不发达的地区。中国还有很多地区，比如西部，可以容纳这些产业，但因为货币的调整是针对所有企业的，可能使得中国被迫提早经历产业空洞化的过程。

（4）人民币升值会加大国内就业压力。人民币升值对出口企业和境外直接投资的影响，最终将体现在就业上。因为我国出口产品的大部分是劳动密集型产品，出口受阻必然会加大就业压力；外资企业则是提供新增就业岗位最多的部门之一，外资增长放缓，会使国内就业形势更为严峻。

人民币升值，有利又有弊。那么，对于普通大众来说，该如何应对人民币升值呢？

首先要调整储蓄结构。多存人民币，少存美元。目前亚洲有四大流通货币——人民币、日元、韩元和新元，人民币是亚洲的主体流通货币，占流通量40%以上，将来升值空间大。此外，可尝试到外资银行开展人民币储蓄业务。汇率放开之后，一些外国银行相继进入我国，普通大众可以拿出一部分人民币储蓄到外国银行，通过多元化储蓄来分散风险。

其次，要调整投资结构。普通大众不能全依靠储蓄来保值和增值，还可以考虑拿出一部分人民币购买不动产，比如房产等，因为实物保值比货币保值风险性更小。

最后，要注意自己的消费。面对人民币的不断升值，人们就要调整自己的消费结构，在有能力的情况下，消费进口产品，多进行境外购物消费。

国际贸易——经济领域的世界大战

国际贸易与国内贸易相比，有了更广阔的空间范围，这一方面有利于厂商在更大的范围里挖掘资源，开辟市场，另一方面也使其遇到的竞争更加激烈。在国际贸易中，将遇到更多、更强的对手，特别是发达国家的竞争对手。

国际贸易是人类社会发展到一定历史阶段的产物，是指世界各国（地区）之间进行的商品交换。它既包括有形商品（实物商品）交换，也包括无形商品（劳务、技术、教育、咨询等）交换。这种交换活动，从一个国家（地区）的角度看，称为该国（地区）的对外贸易；从世界范围看，世界各国（地区）对外贸易的总和构成了国际贸易，也称世界贸易。

对外贸易与国际贸易都是指越过国界所进行的商品交换活动。从这一点说，二者是一致的。但是它们也有明显的区别，前者是着眼于某个国家，即一个国家（地区）同其他国家（地区）之间的商品交换；后者是着眼于世界范围，即世界上所有国家（地区）之间的商品交换。

国际贸易属于一定的历史范畴，它是在一定的历史条件下产生和发展起来的。它的产生必须具备两个基本条件：一是社会生产力的发展产生了可供交换的剩余产品，以及由此促进的商品生产和商品交换规模的扩大；二是国家的形成。

在人类原始社会初期，由于社会生产力水平极为低下，人类劳动所得的产品仅能维持人们最基本的生存需要，没有什么剩余产品可供交换。到了原始社会末期，由于社会生产力的发展和社会分工的出现，人们创造的产品已略有剩余，于是有了部落之间的物物交换，这可以说是国际贸易的雏形。

此后，随着部落的消亡、国家的出现，商品越出了国界产生了国际贸易。但在奴隶社会和封建社会，由于自给自足的自然经济占统治地位，加上交通条件不便和通信手段落后，因而国际贸易的发展受到很大的限制，到了资本主义社会，国际贸易才得到迅速发展，才真正具有了世界的性质。

各国政府应当合作，避免贸易保护主义。所有国家应该同时采取行动，如果政府不能以合作的方式应对挑战，经济复苏可能需要一年、两年或者更长时间。

世界经济大国采取贸易保护主义，很可能引发其他国家的效仿，甚至报复。这样，势必引起国际贸易环境的恶化，让当前世界经济雪上加霜。1930年，美国国会通过臭名昭著的《斯穆特－霍利关税法》，对2万多种进口产品征收高额关税，从而引发全球贸易大战，国际贸易几近停顿。很多经济史学家认为，美国在危机之初挑起的贸易战拖延了经济复苏，与世界经济陷入大萧条长达10年有直接关系。

国际贸易是跨越国界进行的，遇到的问题既多且复杂，由此带来的贸易风险也比国内大得多。比较显著的有以下几种：

1.信用风险。这里所说的信用风险，主要是指钱货不清的风险。在国际贸易中，从磋商交易到订立合同，再到卖方交货，买方付款，需要经过一段相当长的时间。在此期间，买卖双方的财务状况可能发生变化，有时危及履约，给对方造成损失。同时，卖方交货、买方付款存在着时间差，可能出现交货了收不到款，或者不能按期足额收到款；也可能出现付款了收不到货，或收到的货物不符合合同的要求。此类事情时有发生。一旦发生这类事情，双方又在不同的国家，打起官司颇为麻烦。为了规避信用风险，国际贸易中一般采用信用证结算，即在双方交货与付款之间引入银行担保。但是，即便如此也不能绝对避免风险。

2. 汇率风险。这是指由于币值不稳定，从订立合同到成交期间的汇率变动给交易者带来的损失。在国际贸易中，由于各国货币制度不同，买卖双方必定有一方要用外国货币进行计价、结算和支付。这就产生了两种货币按照怎样的比率进行兑换的问题。这样，从订立合同到支付货款期间的汇率变动，必然会给交易者的某一方带来货物本身以外的汇兑损失。汇率风险不仅直接关系到贸易当事人的盈亏得失，而且会给有关国家的进出口贸易、国际收支、国际储备、物价等带来有利或不利的影响。因此，在磋商交易时，用什么货币计价、结算、支付是交易者必须认真考虑的问题。

3. 运输风险。这是指货物在运输途中遇到突发性事件的风险，如暴风雨袭击、战争、运输工具故障等导致的货物损失或延期到达造成的损失。虽然在国内贸易中也存在运输风险，但国际贸易中的运输路程一般比国内遥远得多，并且情况也复杂得多，所以其运输风险也大得多。为规避运输风险，国际贸易中一般都要求投保货物运输险，但是即使投保了货物运输险，有的风险可能仍然要由交易者自己承担。

4. 价格风险。这是指从订立合同到货物到达目的地期间所发生的价格变化而导致的交易者的损失。比如，订立合同后，如果在卖方进货前，货物价格上涨，则卖方需承担风险；如果在买方收到货物后，货物价格下跌，则买方要承担风险。当然，反之也可能带来利益。但是，一方的利益，往往是对方的损失。在国际贸易中，从订约到卖方进货和买方收到货物往往需要较长的一段时间，而世界市场上的商品价格是经常变动的，所以这种风险，相对于国内贸易来讲，突出得多。并且，国际贸易多为大宗买卖，这使得双方面临的价格风险更大。

5.政治风险。这主要是指贸易对象国发生动乱或革命，政府更替、政策改变以及两国关系突然恶化等政治原因给交易者造成的损失。

总体来说，国际贸易比国内贸易有更广阔的空间范围。这一方面有利于厂商在更大的范围里挖掘资源，开辟市场，另一方面也使其遇到的竞争更加激烈。在国际贸易中，将遇到更多、更强的对手，特别是发达国家的竞争对手，他们中间的很多厂商，在资本实力、管理手段及技术水平上均居于优势。在国际贸易中，遇到的竞争手段也更多、更复杂，不仅凭借个体实力竞争，而且有国家的支持；不仅有价格的竞争，而且有非价格的竞争，各种手段纷繁复杂。

以后，国内和国外市场将逐步融为一体，在异常激烈的世界市场上，中国的厂商将如何扬长避短、提高竞争力是应该认真考虑的，应该有必要的思想准备。

贸易补贴——什么都不用担心的美国农民

> 发达国家的巨额农业补贴政策，严重冲击了一些发展中国家的粮食及其农产品生产，这是一些国家在世界粮食危机中发生食物短缺的重要因素之一。切实削减发达国家的巨额农业补贴，有利于从根本上消除制约农业发展的因素，对于加快发展中国家农业发展，也是当务之急。

实行对农业补贴政策是世界各国政府的普遍做法。农业同其他产业不同，始终面临着市场、自然的双重风险，特别是不发达国家的农业仍是弱质产业。

因此，需要通过实行农业补贴对农业进行支持和保护。实行农业补贴政策有利于促进农业发展，提高农产品产量，保证农产品有效供给，增加农民收入。但是，实行农业补贴应按照世界贸易组织规则，在政策允许的框架内进行。需要指出的是，目前一些发达国家的农业巨额补贴政策在支持和保护本国农业的同时，冲击和损害了别国，特别是广大发展中国家的农业。

目前，一些农业发达国家仍对农业实行巨额补贴政策，这也是世贸组织谈判的焦点。发达国家的巨额农业补贴政策，严重冲击了一些发展中国家的粮食及其农产品生产，这是一些国家在世界粮食危机中发生食物短缺的重要因素之一。

　　一些发达国家农产品出口之所以显得那么"便宜"，在相当程度上是因为发达国家的巨额农业补贴。发达国家每年的农业补贴总额高达3000多亿美元。因此，尽管发达国家农业同样面临自然和市场的风险，但由于国家的巨额补贴，农业却能承受较低的边际利润，并可以在国际市场上以大大低于成本的价格进行农产品倾销。这极大冲击了发展中国家农产品市场，影响农民生产积极性，对粮食等农产品生产造成持续负面影响。

　　长期以来，发达国家的巨额农业补贴，严重扭曲了国际粮食贸易。由于低价农产品在一些国家倾销，压低了农产品价格，致使那些国家中小粮食生产者无利可图，不得不放弃粮食生产。他们或转而生产其他经济作物，或干脆放弃农业，从事劳动力密集型制造业。这导致部分发展中国家粮食自给能力越发显得不足，不得不扩大粮食进口。

　　因此，美国和欧盟等发达经济体对农业的巨额补贴政策，一直是世界农业和粮食问题的主要症结之一，并成为世贸组织多回合谈判的焦点。从对主要发达国家巨额农业补贴的统计分析中，我们可以了解其对发展中国家农业的强大冲击力。

　　美国的巨额农业补贴政策，对整个世界粮食贸易具有深刻影响。据统计，美国粮食产量约占世界粮食产量的20%，出口量约占世界粮食出口量的40%。其中小麦出口约占世界市场的30%，大豆出口约占世界市场的40%，玉米出口约占世界市场的70%。在美国政府诸项农业贸易政策中，最受人诟病的就是对农业的巨额补贴。

　　美国通过立法方式将对农业的保护与扶持确立下来。近30年来，美国农业部年度财政预算在整体联邦预算中，一直维持在3%~6%。2000年，美国农业部预算为711亿美元，占整个联邦预算的4%。2000年，美国联邦政府对农民支付的直接现金补助高达300亿美元。农业补贴对促进美国农业发展发挥了重要作用。2002年，美国又颁布了《农业保障和农村投资法》，大幅度增加了农业补贴。

此后 10 年的年均法定补贴近 200 亿美元。由于新农业法实行巨额补贴，已经并将继续使得美国向一些国家倾销"便宜"农产品，这给一些国家农业发展带来的影响和冲击是不能低估的。

美国农业补贴涉及农产品生产、贮存、销售等多个环节，是一种综合性补贴。美国《2002 年农业法》主要包括商品补贴、水土资源保护、农产品贸易补贴等。

（一）商品补贴。商品补贴也叫农业补贴，是美国最重要和最基本的农业补贴。依据《2002 年农业法》，此后 10 年的年均补贴将主要通过直接补贴、销售贷款差额补贴、反周期波动补贴 3 种形式进行。直接补贴是一种与农产品生产、价格不挂钩的固定补贴。农民可以自愿参加，政府以农民预先确定的作物面积和产量为基础对具体商品提供固定的补贴。《2002 年农业法》将大豆、花生和其他油料作物纳入了补贴范围，扩大了对农民收入的支持规模。

销售贷款差额补贴是政府保证农民顺利出售农产品的最低保护价，即政府预定一个农产品的销售价格，并以此价格贷款给农民，农民收获后如能在市场卖到这个价格，政府就不给予补贴。如农民卖的价格低于此预定价格，二者之差就是政府给予农民的补贴。《2002 年农业法》将花生、羊毛、蜂蜜、杂豆等品种纳入了销售贷款差额补贴范围。

反周期波动补贴是《2002 年农业法》新设计的一种补贴制度，即农民在收获后的 10 月份可得到上限为 35% 的计划支付，待翌年 2 月份可再得 35% 的支付，到 12 个月的市场运销结束后结账。当农产品的实际价格低于政府确定的目标价格时，政府向农民提供反周期补贴。该补贴与市场价格成反向运动，当农产品价格下跌时补贴增加，反之则减少。反周期波动补贴保证了农民的收入水平，也意味着政府为农民分担了生产风险，刺激农产品出口。《2002 年农业法》将大豆、小品种油料作物、花生纳入了反周期波动补贴的范围。

（二）资源保育补贴。根据《2002 年农业法》，美国在 2002～2007 年投资 220 亿美元用于农业资源保育计划项目，主要包括土地休耕计划、农田水土保持、湿地保护、草地保育、农田与牧场环境激励项目等。除此以外，美国联邦政府还提供自然灾害救济补贴，用于自然灾害发生后的非保护农作物灾害援助计划、农作物灾害支付计划、紧急饲料计划、青饲料援助计划、牲畜赔偿计划及树木援助计划；提供用于生产结构调整的投资补贴，以优惠利息给农民提供短期或长期贷款，并帮助偿还贷款有困难的农民。

（三）农产品贸易补贴。根据《2002 年农业法》，美国在 2002～2007 年投资 875 亿美元用于提高美国农产品出口的市场机会和拓宽国际市场；每年投资 4.78 亿美元用于援助那些因国外有关农产品实施出口补贴而受到损失的美国出口商；每年对新增生物技术项目投资 600 万美元，用于商签双边动植物和转基因议定书及快速对付非关税措施对出口造成的影响。此外，美国农业部还向美国出口商免费提供国际农产品综合信息服务。除直接的出口补贴外，美国还实施了规避出口补贴的间接出口补贴，即出口信贷，每年提供的额度约为 30 亿美元。依据《2002 年农业法》，美国在 2002～2007 年继续提供出口信贷，以促进加工品和高价值的农产品出口，同时将还款期由 180 天延长为 360 天。

依据《2002 年农业法》，美国每年对农业的补贴高达数百亿美元。在过去的 10 年中，美国的农业直接补贴年平均为 168 亿美元，其中有 7 年超过了 150 亿美元，2005 年农业补贴就达到了 189 亿美元。目前美国每年农业补贴上限是 480 亿美元，这说明美国农业补贴增加的空间仍然很大。在巨额农业补贴支持下，美国农民在国际粮食市场竞争中占据了其他国家无法比拟的优势。一方面保持了较高农业生产力水平；另一方面可以在补贴支持下以较低的，甚至低于粮食本身价值的价格在国际市场上倾销粮食。在这种不对称的竞争中，发展中国家的农业受到冲击是发达国家实行巨额农业补贴的必然结果。

欧盟的"共同农业政策"是世界对本国农业最具保护力的政策。欧盟国家通过该项政策，每年给农民补贴达500亿美元，远远超过欧盟投入其他发展项目的资金。由于"共同农业政策"确立时间较早，《乌拉圭协议》所规定的关于限制和减少农业补贴的条款对其根本没有约束。

"共同农业政策"对农民的支持形式有直接支付、价格干预、过剩产品的存储设施以及出口补贴。这些措施稳定了欧盟内部的食物价格，但它却将欧盟市场内可能的价格波动转嫁给国际市场。一旦出现价格波动，将给发展中国家农业生产和粮食安全带来影响，并使发展中国家农业市场环境恶化。各种预测显示，共同农业政策将国际市场农产品价格波动幅度提高了25%~30%。

共同农业政策的出口补贴，提高了欧盟农产品的竞争力，发展中国家农产品面临严峻挑战。同时，欧盟不断强化农产品进口壁垒，又剥夺了发展中国家向欧盟各国出口农产品的可能性。在实行共同农业政策下，欧盟农业得到有力扶持，农产品生产出现过剩，便以低价向发展中国家倾销。欧盟这种共同农业政策的农产品出口，在短期内对食物净进口国有利，对城市人口以及没有土地的人口有利，但这是以牺牲别国农业和农民利益为代价的。

对发展中国家农业和农民而言，农产品倾销将给他们带来长期或短期的灾难性影响。这些倾销的农产品将压低他们的农产品价格，并迫使他们的农业受到冲击甚至萎缩。发展中国家的消费者可能在短期内获利，但当倾销国农业和粮食生产发生变化时，发展中国家低廉的食物来源就会枯竭，而本国农业也已丧失了满足自身需求的能力，就可能发生粮食短缺，甚至粮食危机。

欧盟的农产品倾销至少应该对发展中国家在粮食上越来越依赖进口承担部分责任。20世纪60年代的农业绿色革命，使撒哈拉沙漠以南非洲地区可以实现粮食基本自给。但是近40年来，该地区粮食产量却大幅减少，小麦进口翻了两番。

近年来，美国和欧盟对农业的补贴又出现新的形式，即对生物质能源开发的巨额补贴与大力扶持。出于种种动机，美国和欧盟都加大了对生物质能源产业的扶持力度。石油资源的日益匮乏及价格大幅上涨，促使一些有能力使用生物质能源的国家将生物质能源作为替代能源。如以玉米、油菜籽等为生产原料的乙醇燃料和生物柴油，与从石油中提炼出来的汽油相比已具有一定竞争力。

但问题在于，不是任何形式的生物质能源相对石化能源都具备"充分的"竞争力。因此，对生物质能源的补贴就显得尤为重要。考虑了可再生能源强制使用量、税收抵免和关税壁垒，美国对用于乙醇燃料生产的玉米每蒲式耳补贴160美元。这意味着美国政府在变相对玉米种植给予直接补贴，实质仍是对农业补贴的增加。据联合国粮农组织相关专家测算，当石油价格达到每桶100美元时，在没有乙醇燃料补贴的情况下，美国以玉米为原料的乙醇燃料生产，在玉米费用低于每蒲式耳414美元时才能有利可图；而在有乙醇燃料补贴的情况下，玉米费用只要低于每蒲式耳574美元时，就具备了竞争力。总体来看，美国生物质能源补贴，可使乙醇燃料成本降低30%～40%。

一些发达国家对本国农业的巨额补贴，对发展中国家农业发展产生的强烈冲击，一直受到世界有关专家和人士的关注。非洲联盟委员会主席科纳雷曾指出，"富国对农业的补贴是我们发展的障碍，它削弱我们的经济，让我们的农民变得越来越穷"。他还说，农业是带领非洲走出贫困的唯一途径，现在却遭受富国农产品的入侵而濒临毁灭。世贸组织总干事拉米在谈及目前的粮食危机时也承认，富国的农业补贴扭曲了农产品贸易，伤害了发展中国家的粮食生产。

2008 年 5 月 9 日，拉丁美洲 15 个国家在尼加拉瓜首都马那瓜召开"粮食安全与主权首脑会议"，商讨制定粮食安全战略，以应对世界粮食危机对拉丁美洲和加勒比海地区的冲击。会议通过的联合声明说，世界粮食供应和价格危机在很大程度上，是由现行的国际经济秩序造成的，直接将问题的要害对准了发达国家的巨额农业补贴政策。

切实削减发达国家的巨额农业补贴，有利于从根本上消除制约农业发展的因素，对于加快发展中国家农业发展，提高粮食等农产品自给能力，增加发展中国家农民收入，缓解粮食供求紧张关系具有积极意义。

经济一体化——破除经济发展的壁垒

世界经济一体化是经济全球化发展的方向和必然结果。可以说，全球化是一体化的外在形式，一体化是全球化的内在机制。全球化是一体化的必要准备和必由之路。

经济一体化的含义有广义和狭义之分。广义的经济一体化，即世界经济一体化，或称全球经济一体化，它指各国国民经济之间彼此相互开放，取消歧视，形成一个相互联系、相互依赖的有机整体。

狭义的经济一体化，即地区经济一体化，或称区域经济一体化，区域经济集团化，是指两个或两个以上的国家或地区间不断消除或降低彼此间经济政策与体制的差异，相互依存、共同发展经济的过程。

世界经济一体化是一个从局部到整体、由低级到高级不断拓展的过程，区域经济一体化是实现世界经济一体化的主要途径和方法。由于在现阶段甚至相当长的时期内，世界各国各地区经济发展水平都会呈现出巨大的差异，各主体间的经济利益也大不相同，社会制度也有差别，国家民族观念仍根深蒂固，不可能在世界范围内实现经济一体化，因此只能先在一定区域实现一体化。只要世界经济发展的不平衡性继续存在，区域集团化就会存在，它和世界经济一体化并不相背离。

区域集团的发展推动一体化水平的提高，世界经济一体化可以将区域集团化的成果作为更广泛、更普遍的全球制度的基础。两者在发展方向上是一致的，差别在于区域经济一体化在空间上是世界经济一体化的局部实践，在时间上是世界经济一体化的阶段性探索。因此，世界经济一体化是一个动态的发展变化的过程。

欧盟一体化的成功对世界经济发展在现阶段走区域经济一体化的道路和方向起了巨大的示范效果和推动作用，它可以视为是一体化在特定地区的缩影。

从经济一体化的形成来看，它是经济国际化发展，社会生产力达到一定水平，生产方式跨越国界发展的结果，它是毗邻国家间或有较为特别关系的国家与地区间为了共同的发展，积极协调彼此间的经贸政策，加快货物、资本、服务等的自由流动的结果。经济国际化具有全方位的对外开放的趋势，随着科学技术和社会生产力的发展，各国都在扩大对外开放，相互贸易、相互投资蓬勃发展，国际分工越来越细，相互协作日益增强，相互间的经济联系和相互依赖关系越来越密切，都争取与世界经济接轨与融合。经济国际化中的超越国界向外延伸，参与国际分工与协作，并不等于经济一体化中的经济联合或结合为一体；紧密联系、互相依赖也不一定都建立经济联合体。而区域经济一体化，总有排他性，在某种程度上阻碍经济国际化的发展。但是，所有区域性经济集团都不愿闭关自守，都要进入其他区域，又都无一例外地实行对外开放，走向世界。就连经济一体化的典型代表欧盟、北美自由贸易区、东盟也在逐步消除壁垒，向世界开放。

在经济国际化的发展过程中，国家、地区、经济部门之间的相互依赖和联系不断加强，必然为它们之间的相互联合创造物质基础和前提条件，从而产生一些区域性经济集团；区域经济一体化的蓬勃发展，不但会加深成员国之间的密切关系，推动区域内的国际化，而且会对区域外周边国家和地区产生辐射作用，促使区域范围的扩大，对区域外各国产生重大影响，从而引起连锁反应，促进更大范围内的经济国际化迅猛发展。20世纪八九十年代以来世界经济国际化和区域经济一体化发展的事实，充分证明了这一点。

可以看出，经济国际化和经济一体化，是世界经济发展的两大趋势。它们既有区别而相对独立，又有联系而关系密切，既非简单趋同又非完全对立。实质上是一种相互依存、相互制约、相互促进的关系。没有对外开放和经济国际化，就没有经济一体化；没有经济一体化，经济国际化也很难全面、快速发展。经济国际化是经济一体化的基础，经济一体化促进经济的国际化。

世界经济一体化不同于经济全球化，这是因为在今天，独立的主权国家仍然存在，经济全球化使各个国家的经济联系和互相依赖空前紧密，但这并不等于各国的利益都能协调一致、互相密切合作。为了谋求各自的利益，它们之间就会出现不协调、不合作，甚至导致各种摩擦和冲突，这显然会阻碍世界经济一体化的进程。因此，要实现世界经济一体化，仅有全球经济的市场化是远远不够的，它还必须在各国间建立起稳固的协调和合作机制。

其中主要包括：

1. 各国必须协调政策，统一行为，共同对世界经济进行干预和调节；

2. 为此，各国必须达成协议，签订相关的协定和条约；

3. 为了保证和监督条约的执行，必须建立某种超国家的机构；

4. 根据共同签署的协议和条约，各参与国必须承担一定的义务，从而必须把国家的部分决策权转移到各国共同建立的超国家机构。

在世界经济发展的经济全球化阶段，区域经济的一体化，有可能发展到高度一体化的程度，使人们从中看到世界经济一体化的一种雏形（如欧盟）。当区域经济一体化的基本特征成为全球经济的总体特征时，世界经济的发展便从经济全球化阶段进入世界经济一体化阶段。世界经济一体化以区域经济一体化形式开始后，并不排斥更没取代经济全球化，而是与经济全球化互相促进。经济全球化与区域经济一体化在中短期有矛盾，但最终目标是一致的，即前者通过"深化"，后者通过"泛化"和"互联"共同实现世界经济一体化。

经济集团之间的合作同区域经济一体化一样是实现世界经济一体化的又一个阶梯。随着世界经济全球化的深入，一方面区域经济一体化程度不断提高，另一方面区域经济集团与区域经济集团之间又实行经济一体化，区域经济集团将越来越少，区域集团的范围将越来越大，亦即越来越接近世界经济一体化。实现世界经济一体化的途径和方法之二是全球性国际经济组织的推动作用，如世界贸易组织、联合国、世界银行、国际货币基金组织等制定的一系列经济政策、条约、公约、协定对世界经济走向一体发挥着越来越大的促进作用。

相对于经济全球化来说，世界经济一体化是一个有着更高要求的发展阶段。到今天，经济全球化已经成为现实，虽然它也只处于初级阶段。经济全球化的发展迫切要求各国加强合作，推进一体化进程，但是各国利益的矛盾和冲突，又妨碍和阻滞着一体化的深化。因此，相对于经济全球化来说，世界经济一体化的进程，就更为滞后。全面经济联系意义上的世界经济才刚刚开始，经济一体化还有很长的路要走，世界经济一体化仍然是人类渴望而不可及的目标。

中国制造——世界加工厂的转型

利用大量廉价劳动力，加工一些劳动密集型产品已经是过时的中国投资策略，中国懂得掌握核心技术和原创性的成果才是最重要的，所以，从单一的"加工厂"向综合的"研发基地"过渡，走内涵式发展道路，中国一定会成为真正的经济强国。

有一本有趣的书叫做《离开中国制造的一年》。你知道这本书是怎么诞生的吗？

在 2004 年的圣诞节，美国人萨拉·邦焦尔尼突发奇想，决定从 2005 年 1 月 1 日起，带领全家开始尝试一年不买中国产品的日子，从而诞生了《离开中国制造的一年》这本畅销书和一次有趣却又充满挫折的冒险。

这一年中，4 岁的儿子不得不拥有标价 68 美元的"意大利"鞋；厨房的抽屉坏了，可找不到工具修理；购买生日蜡烛竟成了折磨人的头痛事，杂货店除了中国蜡烛，啥也没有；能买到手的最"美国"的灯，也用了中国制造的关键零件，从本质上来说就是一盏混血台灯；丈夫去法国旅行，买回来的的纪念品埃菲尔铁塔钥匙链竟然也是中国制造……

作者及全家经过长达一年的艰辛尝试，证明中国制造在美国普通人的生活中占据了重要地位。在今天，中国制造的产品已经行销全球，全世界 70% 的电风扇来自中国，55% 的电热水壶来自中国，服装、玩具、家用电器等等更是充满世界各地，有两百多类中国产品销售量位居第一。

中国的市场规模和经济实力意味着中国的经营模式将很快成为全球效仿的标准，这在商业上被称做"中国价格"。

是的，"中国制造"的标签遍布全球各地，是中国经济蓬勃发展的体现，也意味着中国正在成为"世界加工厂"。但资源短缺和环境破坏的代价，让"中国制造"的光环蒙上阴影。

目前，中国已经成为世界第三大贸易国，涉及到家电、通讯、纺织、医药、机械、化工等十多个行业100多种产品的产量居"世界第一"。

中国制造的产品遍及全球，同时，国内经济形势如火如荼，突出表现在：进出口贸易持续增加，外汇储备节节升高，GDP的持续快速增长，人民生活水平逐步改善。中国人正在努力向小康目标迈进，强劲的经济发展势头已受到国际社会的关注，世界正在重新正视中国。

可是，仅仅这样，就可以了吗？反思我们国家的经济，我们还是会发现"中国制造"的漏洞。

中国作为一个大的世界加工工厂，有一个很显著的特点，就是拥有大规模的出口制造业。制造业需要丰富的水资源和土地资源作为基础条件，需要大量的煤炭、电力、石油和便利的交通作为基本保障，特别是产品的原材料，"中国制造"中的许多产品的原料都是国内缺乏或必须依赖进口，如石油、特种钢铁、有色金属等。

利用大量廉价劳动力，加工一些劳动密集型产品的策略，已经是过时的中国投资策略。我国政府通过发展信息技术，大力培育出一个高附加值的市场。我国完成通信固定资产投资2500亿元人民币。目前，中国的通信网规模居世界第二，是全球最大的移动通讯市场。

以服装业为例，数据显示，受金融危机影响，中国服装业的增长明显放缓。2008年1～11月份，企业亏损面达22.77%，比上年同期提高了3个百分点。2008年全年服装行业平均利润率为4.21%，比上年同期下降了

3.57%。

自 2001 年中国加入世贸组织后，中国服装加工产业迅速扩大，"中国制造"的服装遍布世界，对外部市场依赖十分严重。但是，在纺织服装行业中有 95% 以上的企业是中小企业。如今这 90% 多的中小企业遇到了很多困难。

随着金融危机的加深，欧美市场消费严重下滑，欧美主要国家的服装行业都受到了强烈冲击。与此同时，中国服装企业也发生了变化，一些企业倒闭了，一些代工企业悄悄做起了自有品牌，一些经营外销的企业做起了内销。有人说，这些转变是被金融危机逼出来的。

经济学家观察到，越来越多的跨国公司把技术含量很高的高端产品直接放在中国生产。知名经济学家郎咸平说，中国的企业没有经历过大萧条就不会真正走向成熟。无论时间长短，经济危机一定会过去。相信经历过这轮金融危机，中国服装业会有一个质的飞跃，中国的服装品牌会越来越成熟。

如果我们在为"中国制造"欣喜之时能够正视与发达国家的差距，冷静地思考"世界加工厂"带来的资源与环境的危机，理清思路，埋头苦干，掌握核心技术，从单一的"加工厂"向综合的"研发基地"过渡，走内涵式发展道路，我们才有可能成为真正的经济强国。

贸易顺差、逆差——1.8 万亿美元外汇储备的喜与忧

外汇储备是一国财富的积累和综合国力提高的表现。1 万亿美元巨额储备，意味着我国有着充裕的国际支付能力，在一定程度上也彰显了我国足以影响世界的经济实力，但长期无限制攀高也并非好事。

一般来说，研究一国对外贸易发展情况，主要借助于政府定期公布的对外贸易平衡表。因为平衡表比较系统地载有表明出口和进口的数字统计，大体可以反映一国在特定时期内对外贸易乃至国民经济发展状况。

一国对外贸易按出口大于、小于或等于进口等情况，分别构成贸易顺差、贸易逆差或贸易平衡。

贸易顺差，是指在特定年度一国出口贸易总额大于进口贸易总额，又称"出超"，它表示该国当年对外贸易处于有利地位。贸易顺差的大小在很大程度上反映一国在特定年份对外贸易活动状况。

通常情况下，一国不宜长期大量出现对外贸易顺差，因为如果长期如此，很容易引起与有关贸易伙伴国的摩擦。美、日两国双边关系市场发生波动，主要原因之一就是日方长期处于巨额顺差状况。另外，大量外汇盈余通常会致使一国市场上本币投放量随之增长，因而很可能引起通货膨胀压力，不利于国民经济持续、健康发展。

所谓贸易逆差，是指一国在特定年度内进口贸易总值大于出口总值，

俗称"入超"，它反映该国当年在对外贸易中处于不利地位。同样，一国政府当局应当设法避免长期出现贸易逆差，因为大量逆差将致使国内资源外流，对外债务增加。这种状况同样会影响国民经济正常运行。

而贸易平衡是指一国在特定年度内外贸进、出口总额基本上趋于平衡。纵观世界各国／地区／政府的外贸政策实践，这种现象并不多。

一般来说，一国政府在对外贸易中应设法保持进出口基本平衡，略有结余，此举有利于国民经济健康发展。

外汇储备是一国财富的积累和综合国力提高的表现。1万亿美元巨额储备，意味着我国有着充裕的国际支付能力，在一定程度上也彰显了我国足以影响世界的经济实力。外汇储备多，固然意味着国力的增强，但长期无限制攀高也并非好事。

如果外汇储备构成不合理或者增长超过适度区间，就不可避免地降低资源使用效率，甚至给经济发展带来不小的挑战。

就国内而言，近两年来国际收支不平衡的矛盾持续积累，外汇大量流入导致外汇占款不断增高，货币环境宽松、流动性充裕，给银行扩张信贷提供了资金条件，加大了金融宏观调控的难度。而目前外汇储备的增与减，也密切关系着汇率、贸易等多方政策的调整。

从国际上看，与日俱增的中国外汇储备在吸引世界关注的同时，也为一些国家提供了压制中国贸易的口实，可能会造成更多的贸易摩擦。突破1万亿美元的外汇储备，更是容易触动国际上早已绷紧的这根"神经"。

受多重因素影响，1万亿美元的外汇储备带来一些"棘手"的现实问题：采取哪些有效措施逐步减少外汇储备的过快增长，维持国际收支基本平衡？如何尽量避免引发国际金融市场波动，合理运营巨额外汇储备，最大化地实现收益，保障国家经济安全？⋯⋯

1万亿美元外汇储备，有喜亦有忧。中国外汇管理部门对此问题早就高度重视，并已明确表示出政策取向，要降低外汇储备增速，有效利用外汇资源，改进外汇管理。

按经济学理论，中国人的劳动价值和欧洲人的劳动价值不应该有区别，是什么原因导致差距如此之大？这时候，我们不妨用"局外人"的眼光来看待这个现象。我们把这个局外人设定为外星人。

有一天一个外星人到地球参观，看到地球的山上有两棵树，一棵种在欧洲，一棵种在中国，都结了野果。外星人很眼馋，但是他明白，到中国去买，1元人民币1个，到欧洲去买，1欧元1个。

外星人开始决定用1欧元买一个。

后来，外星人又一想，自己其实不用花钱就可以，可以先从中国借一个果子，到欧洲去换1欧元，拿1欧元到中国去，就可以换10个果子，拿一个果子还给中国人，自己就白得了9个果子。再拿9个果子去换9欧元，再到中国去换90个果子，然后拿这90个果子再去换90欧元，再到中国去换900个果子——这样下去，中国的好东西都可以被自己买光了！

可是这时，外星人一想，那中国人为啥不到欧洲去卖个好价钱？有人告诉他，中国政府规定10元人民币＝1欧元，就是规定了10个中国的果子＝欧洲1个果子！因为中国认为只要能出口赚外汇，不管损失多少资源都是胜利。现在很多人把中国的商品廉价倾销给外国，就是利用了这个差价，他们不求用欧洲的最高价格出手，只求最快，不管浪费多少中国的商品，只要自己能赚到钱就行，赚到钱立刻再到中国进货，就是这个道理。

外星人心想：怪不得中国的外汇储备世界第一！可是中国有了外汇起到了什么作用？中国人根本就不敢花！因为如果中国把这个钱花在外国，就起到只能买一个果子的作用，就是说本来手里有10个果子，一交换就变成只有1个果子，再交换一次就变成0.1个果子，再交换一次就变成0.01个果子——那这样以前的交换都白交换了，越交换越穷。另一方面，如果中国把这个钱花在国内，就必须换成人民币，这也不行，因为果子都被外国消灭了，代表果子实物价值的人民币却在中国增加，人民币会越来越多，引起通货膨胀。

如此看来，为了换外汇，中国付出的代价太大，10万亿的东西只换来了1万亿的外汇。

从经济学角度的顺差逆差来看，外贸"差额"管理和外汇储备管理都是国际收支平衡的重要组成部分，贸易顺差与外汇储备成为一国经济抗风险能力不可或缺的"营养元素"。但管理贸易顺差和外汇储备并不是一国经济发展和抗风险能力的充要条件，充要条件应当是贸易顺差的"适度"或外汇储备的适度。

如果"顺差"和"储备"两个环节超过一定限度，其负作用便凸显，国家经济的安全性就会受到威胁。外贸"差额"管理和外汇储备管理都是国际收支平衡的重要组成部分。由于贸易差额和外汇储备存在因果关系，二者在国际收支平衡中所占的地位和所处层面是不同的。

实现国际收支平衡存在不同的策略和原则，有效实现国际收支平衡的策略和原则是指：其一，不是追求表面指标而是追求实际效应。经济持续平稳发展是一切策略和原则的精髓，过度注重国际收支的"指标平衡"则是一种片面的思维。其二，主动调节还是被动调节。总体上，关于维持国际收支平衡的调节行为不应是"迫于无奈"，而应当提前预知，主动出击。为此，我国目前调节国际收支平衡的框架如下：

第一，在理念层面，"顺逆"皆可，适度为好。应当转变观念，不要总以为顺差是好的，逆差是坏的，否则就是教条主义。对于经常项目中的终极消费品而言，顺差可能意味着本国财富的增加，而逆差可能意味着本国消费水平的提升。对于生产资料、技术、教育类生产性"消费品"，顺差可能意味着贸易对象国生产能力的增强，逆差则意味着本国生产能力的增强或储备的增加，这将从长远上有利于一国经济的发展。

对于资本项目来说，顺差和逆差只是表象，重要的是看哪一国的投资收益大，这是由资本的特性所决定的。资本作为金融品，属于虚拟资产而非实体资产。当一国资本稀缺时，顺差对一国发展是相对有利的，而逆差则相反；当一国资本充裕时，或许逆差也无妨。"逆差无妨"甚至"逆差是好事"的证据很多，比如，如果所投资的国外企业属于具有外部负效应的污染型企业或高耗能型企业，逆差大点是好事。

再如，如果我国的经济增长潜力很大，国内的资本尽量留在国内投资则是一件好事。相反，如果我国的经济增长潜力小或金融衍生品的投资风险较大，顺差大点则是好事。或者从结构上来说，有些项目我们鼓励本国向国外投资，同时有些项目我们应当积极吸引外资。

第二，在操作层面，可从以下几个方面思考：一是顺应时势，改革汇率机制。我国汇率改革势在必行。二是经常项目方面，应当落实结构调整的策略。

出口方面，从质上来看，对"三高类"企业实施减小正面激励措施，而对"三低类"企业则加以正面鼓励；从量上来看，提高出口产品单价，采取"厚利少销"策略。对劳动者特别是低收入者则配以提升社会福利水平、最低生活保障水平以及提升工资水平等措施，抓住时机构建和谐社会。

进口方面，则与出口相反，应多进口一些容易有负外部效应和高耗能性产品，同时多进口一些技术和知识含量较高的初级或中间产品。

第三，是构建国家主权财富基金公司，启动专业化、现代化经营机制。特别是要发挥外汇储备富裕的优势，在全球范围内筛选投资目标，以获得战略资源、获得高收益、引进高技术、提升国内创新能力为目标。

附录

当前经济学领域的热点问题

通货膨胀——钱不值钱的背后

其实，无论是否通货膨胀，无论我们的生活是否捉襟见肘，开创性地创造财富和保持良好的独具创意的低成本生活方式，都是一种浪漫的美德。

通货膨胀指的是由于货币供给大于货币实际需求，而引起的一段时间内物价持续而普遍的上涨现象。其实质是社会总需求大于社会总供给。

在现代经济学中，通货膨胀的表现是在社会中，整体物价水平上升。而这个时候，人们会感觉到货币的购买力下降。宏观经济学中的通货膨胀主要是指价格和工资的普遍上涨。就是说这个时候，货币的购买力下降，即使人们的工资也跟着涨，但是对于生活来说，物价也高了，同样没有给人们带来实际的好处。

所以，从这里就可以知道，在纸币流通的条件下，因为纸币本身不具有价值，它只是代表金银货币的符号，不能作为贮藏手段，因此，纸币的发行量如果超过了商品流通所需要的数量，就会贬值。

但是，古代的金属货币不会存在这种情况，因为金银货币本身具有价值，作为贮藏手段的职能，可以自发地调节流通中的货币量，使它同商品流通所需要的货币量相适应。

纸币流通规律表明，纸币发行量不能超过它代表的金银货币量，一旦超过了这个量，纸币就要贬值，物价就要上涨，从而出现通货膨胀。通货膨胀只有在纸币流通的条件下才会出现，例如：商品流通中所需要的金银货币量不变，而纸币发行量超过了金银货币量的一倍，单位纸币就只能代表单位金银货币价值量的 1/2。在这种情况下，如果用纸币来计量物价，物价就上涨了一倍，这就是通常所说的货币贬值。此时，流通中的纸币量比流通中所需要的金银货币量增加了一倍，这就是通货膨胀。

通货膨胀的反义为通货紧缩。如是贷币在流通中无通货膨胀或极低度通货膨胀称之为稳定性物价。

中国通货膨胀的实质简单说，就是货币量不变，产品少了，那么产品会涨价，产品多了，产品会跌价。

假设产品多了，货币量多的程度超过产品，那么产品会相对货币升值，也就是涨价。举例来说，假如有 100 个人，每人有 100 块钱流通，产品只有 100 斤大米，每斤大米应该是 100 元，这是一般情况，现在若是每人的钱变成 200 块，大米还是 100 斤，那么大米就应该涨到 200 块一斤。

假设每人的钱变成 200 元，但是大米变成 150 斤，那么大米增加的幅度小于每人手里货币增加幅度，大米还是要涨价。

再假设 100 个人里面有 50 个人买了房子，花了 50 块，然后贷款贷了 100 块，相当于市面上流通货币变成：$50×50 + 50×100 + 50×100=12500>100×100$。那么大米价格，是否应该从 100 块变成 125 块？

这就是问题所在，多出来的 2500 块是怎么来的，显然，是银行放出来的，是发行出来的。那么这发行出来的货币究竟是什么？这是未来消费的一种透支。

那 50 个贷款买了房子的人都需要还贷款。为了还贷款，以前每个人可以花 50 块钱，现在只能花 20 块，有 30 块要用来还贷款。

从这个例子可以看出，通货膨胀了，人们的生活自然会显得紧张了。

我自己原想买车，但油价发疯似的狂涨，快到 150 美元一桶了，国内价格虽然受到宏观控制，但也涨了，预计还会涨，想想还是不买了。因为买得起车，消耗不起油呀！

以前美国控制中东油价几十年的时候，油价都在 50 美元一桶以下。现在不管是不想控制了，还是控制不了了，反正价格是涨起来了。随着油价的暴涨，引发了全球性的通货膨胀，粮食涨价，肉制品涨价。许多东西都在涨价，即使在发达国家，食品的涨价也给中低层的收入者的生活带来影响。

面对通货膨胀，国家改变存款准备金率，控制市场流通货币；改变原有粗放型高耗能、低科技、低产出的生产模式，节约能源，加大科技投入等等。

那我们该做什么呢？当通货膨胀了，我们可以改变一下现在正在追求的生活方式。少开车，节点电，节点水，多吃一些第一消耗层的农产品，反正是节能的事能多干就多干吧，这样不但对自己，而且对后代都有好处！当然，不论是否通货膨胀，积极进取才是人们在不能改变社会的情况下走的王道。

给大家讲一个穷人和富人的故事。

从前，一个富人送给穷人一头牛。穷人满怀希望开始奋斗。可牛要吃草，人要吃饭，日子很难。穷人于是把牛卖了，买了几只羊，吃了一只，剩下的来生小羊。可小羊迟迟没有生下来，日子又艰难了。穷人又把羊卖了，买了鸡，想让鸡生蛋赚钱为生。但是日子并没有改变，最后穷人把鸡也杀了，穷人的理想彻底崩溃了。这就是穷人的习惯。

可是富人为什么富呢？他也有自己的秘诀，那就是无论社会发生了什么样的状况，都不要动用投资和积蓄，压力使你找到赚钱的新方法，帮你还清账单。这是个好习惯。

当然，我们提倡开源，但同样"节流"也非常重要。钱不值钱了，普通人的生活应该怎么过？我的一个朋友琪琪就深谙此道。

每天早上，她都等一辆桑塔纳的到来，因为她是个"拼车族"。每个工作日的早晨7点，琪琪准时从家里出发，来到自己家的路边，等着坐这辆车，这是她公司同事丽丽的车，她们就每天一起上班。

不要认为琪琪只是要"占便宜"，"占便宜"永远不是我们研究经济学的目的。是这样的，每个月琪琪都会给丽丽220元钱，当然坐丽丽的桑塔纳上班的不只琪琪，还有琪琪的另外两个同事。

这是一种非常经济的做法，琪琪如果打车每次要三五十元，现在拼车每次算10元，价格很划算，而且琪琪还有了专有司机。对于丽丽来说，没有任何损失，反而添了一笔钱和好人脉，何乐而不为。

琪琪的收入并不低，但是面对通货膨胀和紧张的经济形势，琪琪非常务实。她居住的小区卖给住户的节能灯，1元钱一个，琪琪买了5个。不要小看这个行为，想一想，一盏10瓦节能灯能够替代50瓦的白炽灯，一年下来，这一盏灯就能给家里省下28元钱，而且还充分做到了环保。

在环保这点上，琪琪的同事丽丽更有想法。丽丽家是一个郊区的别墅，当初买的时候，开发商赠送了一块80平方米的地，她就和父母一起开辟成了菜园，里面种上茄子、西红柿、黄瓜、冲天椒等蔬菜。

比起她们，在出版社工作的安安有过之而无不及。在国外曾经有市民"捡破烂"降低生活成本的报道，让人大吃一惊的是，安安竟然也最爱"捡破烂"。她经常从办公室捡一些旧的办公家具回家，重新包装就可以用，比如茶几之类包上一层纸或者布，就会变旧成新。

无论是否通货膨胀，无论我们的生活是否捉襟见肘，开创性地创造财富和保持良好的独具创意的低成本生活方式，都是一种浪漫的美德。

人民币升值——是好事还是坏事

> 人民币升值了，就会有个惯性，会升得比它的实际价值还要高。
> 国外投资者看到这一点，就会加大在中国投资，否则以后再来投资
> 会更贵，买的东西更少了。而且投资对象会主要集中在土地、房产、
> 矿业、垄断企业股权这样一些"保值"的项目上。

探讨人民币升值以前，我们先来看看货币是什么。

货币，只是一种符号、一种衡量的标准，衡量什么的标准？是衡量一个国家所有产品的标准。所谓通货膨胀，一般而言跟产品本身关系并不大。产品与产品之间，比如说猪肉与牛肉之间，本身的比值一般是维持不变的。而发生变化的，是它们分别与货币之间的关系，也就是它们与货币的币值，俗称价格。

当然，因为有价格，才会了解我们在上一节讲的通货膨胀，或者通货紧缩，所以一个国家总体物价上涨或者下跌，很大程度上并不是因为产品增多或者减少，而是产品本身与货币的关系发生变化。

人民币就是一种货币，货币只不过是人们用于交换的媒介。交换是现代经济生活的集中表现。过去的人，经济生活非常单调。但是现在的人由于各种交换关系的存在，交易会使每个人的状况变得更好。

假如现在你有两台电脑，我有两台电视机，如果不交换，各自都闲置一台，如果进行交换，每人可以获得一台电脑和一台电视机，使用起来都

很方便。同样，南阳盛产黄牛，可是家家户户都只吃牛肉，总会厌烦的；通过交换，拿牛肉换回土豆、小麦、大米、猪肉，交换的对方也能得到他们想吃的牛肉。交换的结果，可以使各自得到自己希望得到的东西。

通常来说，一种货币的发行国家越强大，国际地位越高，那么这种货币就越具有国家信用。什么是国家信用呢？国家信用以国家的军事、政治、国家经济政策的稳定性和可靠性为前提。它有两个层面，国际层面和国内层面。对于需要的国家信用而言，国际层面高于国内层面。例如超级大国美国，其美金世界通用，甚至在墨西哥、巴西等拉丁美洲国家，已经基本取代了本国货币。

人民币升值会有哪些负面的作用呢？

要知道，中国是个靠出口生存的国家，外贸依存度为90%左右。在珠三角和长三角一带，一般正规的企业收入60%以上来自出口。人民币升值，使企业利润急剧减少，因此常常会想到裁员、减工资等点子。出口企业不是中石油、中石化、华能电力这些垄断企业，想涨就涨。出口企业想涨1美分都是很困难的。因此，人民币升值后，企业界的整体利润下降了，对中国的经济来说，是一个不利的因素。

而且人民币升值了，就会有个惯性，会升得比它的实际价值还要高。国外投资者看到这一点，就会加大在中国投资，否则以后再来投资会更贵，买的东西更少了。而且投资对象会主要集中在土地、房产、矿业、垄断企业股权这样一些"保值"的项目上。但是，钱来了，中国的供给并没有增加那么快，物价当然就上涨了。收入下降，物价上升，人们的生活就更穷了。对于国内一些消费水平较高的人来说，由于消费主要集中在购买进口产品上，影响会相对小一些。

如果人民币持续升值，那么中国的成本优势就会更小，生产企业型外资就会逐渐撤离中国，寻找物价更低的国家。同时，房价会更高。为什么这样说? 因为在一个物价高昂、不适合做其他什么事情的地方, 买房子是最简单、最可靠的投资。香港就是这方面的极端例子。当人民币靠着惯性走到最高点之前, 聪明的外国投资者会看到人民币实际上不值那么多钱了, 会想法把人民币换成外币, 悄悄撤离中国。投资者把人民币卖掉, 购买外币, 流通的人民币增加, 物价会急剧膨胀。

在这里, 我们不得不提到日元的升值事件。1980 年, 日本的 GDP 就快到美国的一半了。1985 年美国拉拢其他五国 (七国集团) 逼迫日本签署了"广场协议", 以"行政手段"迫使日元升值。此协议的中心思想就是日本央行不得"过度"干预外汇市场。日本当时手头有充足的美元外汇储备, 如果日本央行干预, 日元就升不了值。

最后的结局大家也知道了。自 1985 年 9 月底至 1988 年初, 美国要求日元升值。根据协议推高日元, 日元对美元的汇率从协议前的 1 美元兑 240 日元上升到 1986 年 5 月时的 1 美元兑 160 日元。由于美国里根政府坚持认为日元升值仍不到位, 通过口头干预等形式继续推高日元。这样, 到 1988 年年初, 日元对美元的汇率进一步上升到 1 美元兑 120 日元, 正好比"广场协议"之前的汇率上升了一倍。

1993 年 2 月至 1995 年 4 月, 当时克林顿政府的财政部长贝茨明确表示, 为了纠正日美贸易的不均衡, 需要有 20% 左右的日元升值, 当时的日元汇率大致在 1 美元兑 120 日元左右。所以, 根据美国政府的诱导目标, 日元行情很快上升到 1 美元兑 100 日元。以后, 由于克林顿政府对以汽车摩擦为核心的日美经济关系采取比较严厉的态度, 到了 1995 年 4 月, 日元的汇率急升至 1 美元兑 79 日元, 创下历史最高纪录。

日元升值的后果是洛克菲勒广场重新回到了美国人手中, 通用汽车在这个广场的一卖一买中净赚 4 亿美元! 日资在艰难度日中大规模亏本退出美国。美国人民成功地击退了日本的经济进攻! 从事例中可以看到 1995 年之后，日本和美国的 GDP 之比重新拉开了距离，而且越来越大！

日元升值是美国对日本的一次经济阻击战！美国成功地把日本 20 多年的发展财富转移到了自己家去了。

作这样一个假设。假设我是美国财团，在 1983 我用 100 亿美元兑换成 24000 亿日元，进入日本市场，购买日本股票和房地产。日本经济的蓬勃导致股市和房地产发疯一样地上涨，1985 年广场协议签订，日元开始升值，到 1988 年初，假设在股市和房地产我已经赚到了一倍（5 年才翻一倍是最低假设了），那就是 48000 亿日元。

这时，日元升值到 1：120。我把日本的房地产和股票在一年中抛售完，然后兑换回美元，就是 400 亿美元！在 5 年时间中，我净赚 300 亿美元。那么日本呢？突然离开的巨额外资就导致了日本经济的崩溃。

所以同样的道理，我们对待人民币升值一定要理性。

次贷危机——金融世界的"大地震"

> 信贷环境宽松或者房价上涨的情况下，放贷机构因贷款人违
> 约收不回贷款，他们也可以通过再融资，或者干脆把抵押的房子
> 收回来，再卖出去即可，不亏还赚。如果信贷环境改变，特别是房
> 价下降的情况下，再融资或者把抵押的房子收回来再卖就不容易实
> 现，在较大规模地集中地发生这类事件时，危机就出现了。

美国次贷危机的全称是美国房地产市场上的次级按揭贷款的危机。次级按揭贷款就是资信相对较差的按揭贷款，是相对于资信条件较好的按揭贷款而言的。次级按揭贷款人通常没有或缺乏足够的收入或者没有足够的还款能力，又或者是其他负债较重。因为资信较差，所以这类房地产的按揭贷款就被称为次级按揭贷款。

与资信条件较好的按揭贷款人相比，次级按揭贷款人在利率和还款方式则有着严格的要求，通常要被迫支付更高的利率、并遵守更严格的还款方式。但长时间以来，美国信贷宽松、金融创新活跃、房地产和证券市场价格上涨，导致这一严格的要求没有得到真正的实施。这样以来，次级按揭贷款的还款风险就由潜在变成现实。而且美国一些金融机构为一己之利，纵容次贷的过度扩张及其关联的贷款打包和债券化规模，导致在一定条件下发生的次级按揭贷款违约事件规模的扩大，加剧了危机的发生。

次贷危机发生的条件就是信贷环境改变，特别是房价停止上涨。次级

按揭贷款人的资信用状况，本来就比较差，或缺乏足够的收入证明，或还存在其他的负债，还不起房贷，违约是很容易发生的事。在信贷环境宽松，或者房价上涨的情况下，放贷机构因贷款人违约无法收回贷款，他们也可以通过再融资，或者干脆把抵押的房子收回来，再卖出去即可，不亏还赚。但在信贷环境改变，特别是房价下降的情况下，再融资或者把抵押的房子收回来再卖就不容易实现，或者办不到，或者亏损。在较大规模地集中地发生这类事件时，危机就出现了。

早在2006年底，美国次贷危机的苗头就开始出现了。只不过从苗头发生、问题累计到危机确认，特别是到贝尔斯登、美林证券、花旗银行和汇丰银行等国际金融机构对外宣布数以百亿美元的次贷危机损失，花了半年多的时间。现在看来，由于次贷危机的涉及面广、原因复杂、作用机制特殊，持续的时间会较长，产生的影响会比较大。

具体来讲，次贷危机有以下三方面的成因。

第一，次贷危机与美国金融监管当局，特别是美联储的货币政策过去一段时期由松变紧的变化有关。自2001年初美国联邦基金利率下调50个基点开始，美联储的货币政策开始了从加息转变为减息的周期。此后经过13次降低利率之后，到2003年6月，联邦基金利率降低到1%，达到过去46年以来的最低水平。

宽松的货币政策环境，使得房贷利率也同期下降。30年固定按揭贷款利率从2000年底的8.1%下降到2003年的5.8%；一年可调息按揭贷款利率从2001年底的7.0%，下降到2003年的3.8%。

持续的利率下降因素，是带动美国房产的持续繁荣原因，也是导致了次级房贷市场产生泡沫的重要因素。利率的下降，使很多蕴涵高风险的金融创新产品在房产市场上有了立足之地，同时不断充斥市场。如浮动利率贷款和只支付利息贷款，它们在总按揭贷款的发放中的比重越来越大。这样以来使得购房者的负担降低，同时使他们的还款方式也更加灵活。这些创新形式的金融贷款，从表面上减轻了购房者的压力，支撑过去连续多年的繁荣局面。

后来，美国又开始改变自己的货币政策，从 2004 年 6 月到 2005 年 6 月，美联储连续 13 次调高利率，联邦基金利率从 1% 提高到 4.25%。到 2006 年 8 月，联邦基金利率已经上升到 5.25%，标志着这轮扩张性政策完全逆转。连续升息提高了房屋借贷的成本，开始发挥抑制需求和降温市场的作用，促发了房价下跌，也导致了按揭违约风险的大量增加。

第二，长时间以来，人们对美国投资市场以及全球经济和投资环境一直持积极、乐观情绪。进入 21 世纪，世界经济金融的全球化趋势加大，全球范围利率长期下降、美元贬值以及资产价格上升，使流动性在全世界范围内扩张，激发追求高回报、忽视风险的金融品种和投资行为的流行。

在一个低利率的环境中，作为购买原始贷款人的按揭贷款并转手卖给投资者的贷款打包证券化投资品种，次级房贷衍生产品客观上有着投资回报的空间，能使投资者获得较高的回报率，所以吸引了越来越多的投资者。

美国金融市场的影响力和投资市场的开放性，吸引了世界各地投资者，从而使得需求更加兴旺。在巨大的投资需求面前，许多房贷机构降低了贷款条件，以提供更多的次级房贷产品。这在客观上埋下危机的隐患。美国、欧亚一些国家的主要商业银行和投资银行，均是这个市场的投资者，参与了美国次级房贷衍生产品的投资，所以危机发生后，影响迅速波及全球金融系统。

第三，美国的部分银行和金融机构违规操作，忽略规范和风险的按揭贷款、证券打包行为也是导致次贷危机的原因之一。

在美国次级房贷的这一轮繁荣中，部分银行和金融机构为了自身的利益，利用房贷证券化可将风险转移到投资者身上的机会，有意、无意地降低贷款信用门槛，导致银行、金融机械和投资市场的系统风险的增大。

在过去几年，美国住房贷款一度出现首付率逐年下降的趋势。历史上标准的房贷首付额度是 20%，也一度降到了零，甚至出现了负首付。而房贷中的专业人员评估，也没有严格执行。有的金融甚至通过电脑进行自动化评估，而自动化评估的可靠性尚未经过验证。

有的金融机构，还故意将高风险的按揭贷款，"静悄悄"地打包到证券化产品中去，向投资者推销这些有问题的按揭贷款证券。

关于上述的现象，有的美国经济学家称之为"说谎人的贷款"，而在这些交易中，银行和金融机构充当了"不傻的傻瓜"的角色。按美国投资家吉姆·罗杰斯的话说，"人们可以不付任何定金和头款甚至在实际上没有钱的情况下买房子，这在世界历史上是唯一的一次"，"这是我们住房市场中有过的最坏的泡沫，也是我们需要清理的最坏的泡沫"。

此轮次贷风暴还对现有美国金融体系提出了诸多挑战。另外次贷危机引发了美国和全球范围的又一次信用危机，而从金融信用和信任角度来看，它被有的经济学者视为"美国可能面临过去 76 年以来最严重的金融冲击"。因而消除这场危机，也需要足够的时间。

从这个意义上说，近在眼前的全球性次贷风暴对中国人可能是件幸事。认真体味此次风暴的教训，我们应该避免危机的种子在中国生根发芽，否则会引致无穷祸患。

金融危机——新世纪第一场全球经济大动荡

当前，国际金融危机仍在蔓延和深化，世界金融和经济形势依然复杂严峻。面对这场百年不遇的金融危机，中国始终以积极、负责任的态度与世界各国一道，妥善应对各种风险和挑战，努力在合作中实现互利共赢。

自 2008 年 8 月份美国次贷危机全面爆发，至今已引发新一轮全球经济动荡，美联储前主席格林斯潘表示，美国已在经历一场"百年一遇"的金融危机。

美国金融危机的原因是非常深刻和复杂的，不是仅限于产品创新、风险管理、信用评级、会计准则、金融监管等因素和层面。这次危机从美国次级住房贷款危机开始，迅速发展成为全球性金融危机，全球股价、大宗商品价格和主要货币汇率等剧烈波动，在短时间内发生超乎想象的巨幅涨落。危机发展的速度和造成影响的程度大大超出原有的设想，说明其中一定有更深刻、更复杂的原因，必须更深刻更审慎地加以分析。

美国对外债务规模巨大，其中国际社会大量以美元计价的收入，客观上只能被动存放美元或购买美国债务，一方面推动美国为追求本国利益很容易推行低利率政策，另一方面大量廉价资金又容易推动美国政府与社会扩大投资和货币投放。

不仅如此，对通过吸引投资和扩大出口增加外汇净流入的国家而言，要么实行中央银行强制收兑政策，从而相应增加国家外汇储备和本币投放；要么允许社会保留外汇，允许银行开展外币存贷款，而外币贷款又会增加相应货币的流通量。

由美国引发的此次金融危机引起全球性效果，让世界各国都注意到此次危机不仅给西欧发达国家，也给新兴发展中国家带来很大影响。扩大货币投放是全球贸易和金融严重失衡必然产生的货币现象。怎么应对危机呢？由于金融危机是在经济全球化深入发展、国与国相互依存日益紧密的大背景下发生的，任何国家都不可能独善其身，也没有一个国家能以一己之力战胜这场危机。

合作应对是正确抉择。中国是国际合作的积极倡导者和实践者，为推动世界各国携手合作共抗危机作出了不懈努力。

中国致力于推动应对危机的国际合作，体现在积极参与和开展多边外交，协调与新兴国家及发展中国家立场，密切同主要发达国家对话沟通，在切实维护自身根本利益的基础上，努力提高国际社会应对危机的效率与经济合作的水平。

危机之初，中国领导人在华盛顿二十国集团首次金融峰会上呼吁，世界各国应增强信心、加强协调、密切合作；２００９年年初，中国领导人又展开了举世瞩目的"正月外交"，与受访国就加强双边经贸往来、深化互利合作达成许多共识；在伦敦二十国集团第二次金融峰会上，中国再次提出包括进一步"加强合作"、"推进改革"和"反对保护主义"在内的五项主张；在随后的博鳌亚洲论坛上又提出包括深化经济合作、坚持开放政策和共同应对挑战等五项倡议。

这些倡议引起世界各国的广泛共鸣并获得支持，提高了世界共同应对金融危机的信心。在中国的积极参与下，国际社会就推动世界经济增长、加强金融监管以及为国际金融机构注资等问题达成共识。许多国家和国际组织认为，中国正不断为加强合作、促进世界经济复苏和持续发展作出贡献。

世界银行 3 月 17 日发表报告指出，自金融危机爆发以来，全球各国推出或拟推出的保护主义措施大约有 78 项，其中 47 项已付诸实施。相形之下，中国政府不仅组织了大型采购团赴海外采购，还主动免除了 46 个最不发达国家 400 多亿元人民币的债务，向多国提供 2000 多亿元人民币的援助，并承诺对最不发达国家出口到中国的绝大部分商品实行零关税。此外，中国在面临巨大困难的形势下，保持了人民币汇率基本稳定，体现了对国际社会的高度责任感。

危机当前，中国的开放心态源自一个信念，那就是一个充满活力、更加开放的中国，不仅有利于保持中国经济平稳较快发展的势头，而且有利于国际社会共同应对国际金融危机、促进世界和平与发展。

人类社会目前正处在一个重要的历史关头，合作应是世界各国的不二选择。金融危机虽然给人类社会带来了空前的挑战，但也为促进国际合作提供了历史性机遇。中国始终作出不懈努力推动国际合作，因为中国始终坚信，寒冬终将过去，国际社会增强信心、携手合作，就一定能克服这场国际金融危机的严峻挑战。

国家破产——金融危机冲击下的国家级灾难

国家破产是一个新名词，实际上是把经济学名词引用到国家领域，是一种虚拟说法，拿国家和企业类比的说法。实际上，国家不可能像企业一样破产。所谓的国家破产，实际上也就是对于一个国家经济状况的一种描述。

世界金融风暴势头不止，骨牌效应已经逐渐显现，继国际大型金融机构落难之后，风暴矛头直指欧亚包括美洲的一些小型国家。最近，冰岛、巴基斯坦、乌克兰、哈萨克斯坦和阿根廷等国家股价纷纷跳水，银行相继倒闭，而一个新的名词也开始进入人们的视野，那就是——国家破产。

最早陷入危机的是冰岛，眼下冰岛银行负债水平已经相当于该国经济规模的12倍，银行体系已经全面瘫痪。境况比冰岛更为凶险的是巴基斯坦。去年以来，巴基斯坦股市市值蒸发超过了1/3，最近标准普尔又调降了巴基斯坦债券信用等级为CCC＋，仅高于破产评级，加之巴基斯坦即将有30亿美元的外债到期。

乌克兰的遭遇更加尴尬，该国除了要面对银行体系濒临崩溃的情况之外，更要应付政治气候由差转坏的困境。

至于哈萨克斯坦的地产泡沫爆破，当地主要几间大银行70％有拖欠债务的风险。巴西、阿根廷、墨西哥等拉美国家亦受到全球金融危机冲击，此外，匈牙利政府在当地最大的信贷商ＯＴＰ银行出事后出手托市，但布达佩斯股市单日跌幅仍达 13%，财政部不得不取消国债拍卖。

"国家破产"的危机正威胁着越来越多的国家。

所谓的国家破产实际上也就是对于一个国家经济状况的一种描述。国家破产是说一个国家在一定时间段里的经济情况。首先，就是出现大量的财政赤字、对外贸易赤字；其次，就是出现大量外债；最后一点，该国家没有偿还外债的能力，同时也没有改善国内经济状况的办法。在这种情况下，我们就可以说是这个国家要破产了。

要挽救国家破产的危局，就必须从国内国际多方面寻求解决的办法和渠道。首先是国际求助，比如这次冰岛向俄罗斯寻求贷款，从国外获得帮助来缓解自己的压力；其次，就是通过谈判解决债务问题，比如上一次拉美国家的债务危机，进行国际谈判，对那些无法偿还的债务进行免除、延期等等措施，这也是一种缓解危机的办法；再次，就是要发动国内民众共渡难关。只有国际国内多方面共同的努力和配合，才能真正起到挽救危局的效果。

虽然国家破产在原因上和企业相同，即所谓资不抵债。但是，在结果上，却和企业破产全不相同。国家破产，首先遭殃的必然是金融体系，银行业首当其冲，比如现在遭遇危机的几个国家，银行不是已经倒闭就是在倒闭的边缘上挣扎。然后是货币贬值，通货膨胀。这个时候，宏观调控的作用已经很弱，像冰岛央行已经放弃固定汇率的计划，情况严重的还很有可能造成货币体系崩溃，不过到那种程度，也就说明情况已经坏到极点了。

相对于金融体系来说，政府和老百姓遭遇的损失将会更大。而老百姓的生活将受到极大影响，失业、财产缩水等等都将会大规模地出现，还会真正地破产，一无所有。非但如此，还有可能因为自己的国家背上沉重的债务负担，甚至几代人都不能摆脱。而对于国家来说，不仅仅有国内的麻烦，还会严重影响到这个国家在国际上的信贷信誉，使国家陷入信誉危机之中，影响摆脱困境的步伐，这也就是所谓的祸不单行。

根据破产的原理，只要资不抵债又无法偿还，就意味着要面对破产的危机。在冰岛、乌克兰、哈萨克斯坦这几个国家之后，是否会有更多的国家步入同样的境地，下一个会是谁？最令人关注的是，作为全世界最大的债务国——美国，在内债外债的债台高筑之下，会不会也破产？

可以肯定地回答，美国不会破产。所谓破产，只是对小国而言。第一，小国国力单薄，即便是像冰岛这样看起来很富裕的国家，整个国家的国力仍旧没有办法和大国比，国力越单薄，承受灾难和冲击的能力就越小，在灾难来临时缓冲的余地就越小，没有承受能力，没有缓冲的余地，就会出现破产的危机；第二，小国金融脆弱，基本上无法承受金融危机的冲击，金融一旦崩溃，那么破产也就为时不远；第三，小国产业单一，比如说旅游、石油等等，受国际形势制约极大，一旦这一产业受到国际上的影响，就完全没有补救和转圜的余地。

美国这样的经济大国是没有这样的风险的，虽然遭遇危机，但是美国不管国力、金融，还是产业结构等方面，都能够承受得起金融风暴的袭击。即便是损失惨重，也不会出现像冰岛、巴基斯坦这样的破产局面。

另外中国也不会破产。因为中国的金融业相对封闭，受到这些国家破产冲击的可能性很小，即便有影响也不会大。有些人担心中国的投资受损，这是不可避免的。如果中国在这些国家有投资，那必然会受到损失。不过现在看来，中国在这些面临破产的危机小国中的投资很少，因此，中国将安全地挺过所有的危机。

市场失灵——到底谁是上帝的手

> 市场本身就是一只看不见的手，市场失灵是指市场机制不能按
> 照人们的意愿，有效地配置资源，正是由于市场经济无法达到最优
> 的资源配置，就需要国家对市场经济进行干预，以达到优化资源
> 配置的目的，那就是宏观调控。

市场失灵是指市场机制不能按照人们的意愿有效地配置资源。正是由
于市场经济无法达到最优的资源配置，就需要国家对市场经济进行干预，
以达到优化资源配置的目的。

关于市场失灵的原因是多方面的，主要有：垄断、公共产品、外部性
和信息不对称等。

首先说一下垄断的影响。

由于资源配置的稀缺性和规模收益递增的作用，市场往往由一个或者
几个厂商垄断，在这种情况下，垄断厂商利用其市场控制力，制定与均衡
价格相背离的价格，以获得更多的超额利润。由于在垄断市场上，垄断导
致了较高的价格和较低的产量，从而使得消费者剩余减少而生产者剩余增
加，资源的配置难以达到帕累托最优的状态。

政府可以对垄断企业进行价格管制，通过限定价格或收益率来规范垄
断企业的行为，也可以从法制上对垄断进行管制。此外政府还可以将垄断
企业作为公共企业来经营，从整个社会福利的角度来制定其产品价格。

其次，公共物品方面也容易出现这类问题。

公共物品是指在使用上具有非竞争性和非排他性的物品。非竞争性是指一个人使用某件物品并不妨碍其他人同时使用该物品。非排他性是指技术上无法将不为之付费的人排除在该物品的受益范围之内。公共物品在现实经济中是广泛存在的，由于其非排他性和非竞争性的特点，消费者都想无偿使用这些产品，于是就出现了"搭便车"现象，即不支付成本但获得利益的行为。产品的提供者无法收回其成本，就会丧失提供产品的积极性，从而导致了生产的萎缩。这些特点使得边际私人成本与边际社会成本，边际私人收益和边际社会收益偏离，从而导致了市场的失灵。由于公共物品的存在导致市场失灵，市场无法有效率地配置公共物品，这就需要政府介入公共物品的供给。

再次，市场失灵有一定的原因。

外部性也称做外部效应，指的是个体的经济活动或行为给社会上其他成员造成影响而又不承担这些影响所带来的成本或利益。外部性分为正的外部性和负的外部性。正的外部性也称做外部经济，指的是个体的经济活动或行为给其他社会成员带来好处，但他自己却不能得到相应的补偿。负的外部性也称外部不经济，指的是个体的经济活动或行为使其他社会成员受损，但他自己却没有承担相应的成本。

外部性在现实经济中广泛存在。无论是正的外部性还是负的外部性，都会导致市场失灵，影响市场对资源的配置。由于外部性使得资源配置缺乏效率，在现实经济中，市场参与者和公共部门都以各种方式对外部性进行治理，从而使资源配置达到或接近社会要求的最优水平。政府可以采用直接管制、税收和补贴等方式来解决外部性问题。对于具有负的外部性的行为，政府可以征税，税额的大小应该等于该行为给社会带来的损失。对于具有正的外部性的行为，政府可以给予补贴。

最后，不能忽视信息不对称的影响。

信息不对称指的就是市场交易双方掌握的信息状况不对等，掌握信息多的一方被称为信息优势方，掌握信息少的一方被称为信息劣势方。由于交易双方的信息不对称，价格不再是引导资源流动的明确的信号，消费者可能以较高的价格购买到质量很差的商品；生产者可能生产出市场并不需要的产品。这样一些潜在的、对双方都有利的交易可能无法达成，或是即便达成，效率也不高。在信息不对称的情况下导致的均衡结果对社会来讲将是一种无效率的状况。

那么，面对市场失灵的时候，谁是上帝拯救市场失灵的手？

其实，市场本身就是一只看不见的手，但是还必须有另一只手进行帮助。那就是宏观调控，宏观调控指国家对国民经济总量进行的调节与控制，是社会主义国家管理经济的重要职能。宏观调控的主要任务是：保持经济总量平衡，抑制通货膨胀，促进重大经济结构优化，实现经济稳定增长。调控的主要手段有价格、税收、信贷、汇率等。

因为市场这只手再伟大，也始终不能离开政府的保护。只有有了政府宏观经济政策的保障，市场才能有效运行。从另一方面讲，市场虽然是经济活动的主要组织方式，但是也会出现一些市场本身不能有效配置资源的情况，经济学家将其称为"市场失灵"。

当然，政府有时可以改善市场结果，并不是说它总是能够调控市场。什么时候能够调控，什么时候不能，就需要人们利用宏观调控的经济学原理来判断，什么样的政府政策在什么情况下能够促进经济的良性循环，形成有效公正的经济体系，才能降低市场失灵给经济带来的灾难。

失业现象——你找到工作了吗

大学生失业现象是人力资源自由流动的结果，反过来，也为人力资源的自由流动扫除了障碍，创造了更充分的条件。同时，还具有一定的人才储备作用。从这个意义上说，大学生失业现象并非完全是人力资源的浪费，相反在某种程度上能够促进人力资源最优配置。

20世纪90年代以来，中国出现了一种前所未有的现象，有着"天之骄子"美誉的大学生居然也开始面临失业问题，正所谓"皇帝的女儿也愁嫁"，并且这种现象日趋增多。由于上大学找工作牵系千家万户的切身利益，大学生失业现象自然引起广泛的关注，成为社会的焦点话题。

对于这种现象很多人再次产生了这样的疑问，读书还有没有用？能够解决失业的现象吗？难道毕业真的等于失业吗？

其实，夸大大学生无法就业的难度，是不正确的。这样会对人们的教育投资决策产生不良影响，尤其是一些低收入群体甚至因此放弃让子女上大学接受高等教育的机会。因此，我们有必要正本清源，澄清一些错误看法，理性面对大学生失业现象。

首先，我们从整体形势上看，随着就业竞争的日趋激烈，失业的情况不是只针对大学生，因为失业不仅将一直存在，成为一种永久性现象，而且程度将逐步加深，但是对于每一个具体的大学生而言，大学生失业只是一种暂时性现象。

目前，衡量大学毕业生就业状况的一个重要指标是一次性就业率，即每年7月份大学毕业生的一次性签约率。一次性就业率的高低诚然能够反映大学生就业状况，但是它反映的只是大学生毕业时、而不是毕业后的就业状况。换言之，一个毕业时未签约的大学生，他毕业时没有及时找到自己满意的工作不等于毕业以后仍然失业。

一般来说，由于大学教育能够有效地增强大学生人力资本和社会适应能力，毕业时失业的大学生经过一定时期的职业搜寻，成功就业的概率就会提高。所以，即使一个大学生毕业时失业，也只是暂时性现象，不会永久性失业。大学生找不到工作，不是因为学了知识才找不到工作的，这其中有个体的原因，不能忽视。

其次，大学生失业现象存在客观必然性。大学生失业现象是取消大学毕业生分配制度、实行"双向选择、自主择业"就业制度的结果，也是适应进一步打破计划经济体制、实行市场经济体制的必然结果。

市场经济的一个特点就是公平竞争，竞争的结果必然是优胜劣汰，所以一部分人在就业竞争中被"淘汰出局"，这是市场经济公平竞争的必然结果。

这是对大学生新的考验，大学生自主择业意味着他们获得更多的自由。所以尽管大学生失业现象造成了一定的人力资源损失，但总体上大学生失业现象体现了市场经济条件下的公平竞争本质，也体现了个人的自由选择。这种现象可以促使大学生为了更好地适应社会的发展，从大学时就开始好好努力。

最后，在大学生失业者中，我们必须看到，有一部分属于自愿性失业者，即不满意于已有工作机会而继续寻找工作的大学毕业生。自愿性失业者之所以放弃毕业时的就业机会。这是因为已有的就业机会低于他们的期望值，同时他们预期到未来会有更好的就业机会。在此情况下，一旦选择毕业时的就业机会，就很难随时退出，从而不得不放弃未来更好的就业机会。

可见，自愿性失业者宁愿放弃已有的工作机会，是为了寻求满意的工作，这其实是一种出于长期利益最大化的理性选择，而绝不是盲目行为。从这个意义上说，自愿性失业者并非真正的失业者，不应该把他们计入大学生失业者之中。所以说，目前公布的大学生一次性就业率无法反映这一情况，对大学生失业程度有一定的夸大成分。

如果，今天你作为一名大学生，发生了"失业现象"不要自卑，也不必一定急于马上就业。因为从人力资源配置的角度看，大学生失业现象是人力资源自由流动的结果，反过来也为人力资源的自由流动扫除了障碍，创造了更充分的条件，同时也具有一定的人才储备作用。从这个意义上说，大学生失业现象并非完全是人力资源的浪费，相反在某种程度上能够促进人力资源最优配置。

当然，大学生也应该更好地适应社会，早日解决自己的就业问题。从学校到社会的这一步跨越，大学生要注意哪几点才能摆脱"失业"呢？

首先，需要找一个好的方向。什么是好的方向？永远不要远离核心业务线。你得看明白，在企业中，哪个环节是实现利润最大化的关键环节。是销售环节、市场策划环节、研发环节，还是生产环节？你应该结合自己的实际情况来判断该进入哪一个环节才是最有利的。

其次，你需要跟一个好老板。正所谓跟对人，做对事。好老板的标准很多，关键是你要设法跟上一个在公司处于强势地位，而且能给你帮助和指导的老板。跟了一个弱势的老板，你的前途就很容易被耽搁了。

再次，要做一个优秀的员工。优秀的员工需要和领导建立一致性，他觉得重要的事情，你就觉得重要，他认为紧急的事情，你也认为紧急，你得和他劲儿往一处使；你得具备从上级那里获得支持和资源的能力，如果累死累活，老板还对你爱搭不理的，那你就不具备本条件和能力；还要有能力有效地管理团队，公平合理地控制分配团队资源。

最后，一定要给自己一个准确的定位。要清楚自己的定位和职责，别搞不清楚自己是谁，什么是自己的活，知道什么该报告，什么要自己独立作决定，要有承受压力的能力。严峻的工作条件下，能坚韧不拔，想办法获取资源、支持和信息，努力实现甚至超越目标。

做到了这几个方面，你就会发现，你永远都不会"失业"！

累进税——收入高的人为什么多交税?

> 对高收入人群累进税,再通过福利政策补贴给弱势群体,只不过是把一部分劳动者创造的剩余价值,返还给劳动者自己而已。这种情况,在发达国家更是普遍存在,因为任何收入都是劳动者创造的。

众所周知,税收的一个重要功能就是调节收入差距。其原则是从富人那里多征一点,用于帮助低收入阶层的教育、医疗、市内交通等开支。一般所采取的办法是累进税,即按照课税对象数额的大小,规定不同等级的税率。课税对象数额越大,税率越高;课税对象数额越小,税率越低。通俗地讲,就是谁收入越高,谁交的税就越多。

对于这样的政策,我们应该提倡,但同时也要注意从自身发展的根源解决问题。

例如,王先生和李先生是某公司的职员,王先生是普通销售员,每月实发工资 3500 元。李先生是销售经理,每月实发工资 5000 元。李先生就要比王先生多交个人所得税。

按照正规的算法,王先生应缴个人所得税=(3500 − 2000)×10%−25 = 125(元);李先生应缴个人所得税=(5000 − 2000)×15%− 125 = 325(元)。在这里,李先生比王先生收入高 1500 元,就要多交 200 元的个人所得税。

可是，当我们采取一定的政策去改变结果的不均等，就意味着对财产或者收入的重新分配、再分配，必然要改变市场上已经产生的分配结果。就拿王先生和李先生来说，李先生凭着自己的能力和突出的工作表现获得的优势被淡化了。如果只靠这一个手段，这个社会就没办法进步了。有人刚富裕点，就有人提出来平均分配，这个社会没办法讲效率，没办法发展。所以，国家也非常重视这一点，一方面用累进税进行调节，另一方面国家也重视从根本上解决问题。

人们的发展不一样。从城乡收入差距大的角度来说，其中一个很重要的原因是农村孩子在受教育方面处于先天不利的地位，因此他未来的收入、就业的机会都会受到影响。

在这种条件下，我国采取了积极有力的措施。例如免掉农村九年义务教育学杂费，采取很多措施改善农村教育等。让城乡之间，不同收入之间的居民更加平等地接受教育的机会。

其次，我国也大力发展了社会保障。如果我们能够做到让各种社会保障体系覆盖全民，这对大家就是公平的。都是面临同样的条件，大家实际上就面临着更公平的机会，更加平等的机会，这个当然是有利于缩小收入差距的。

有一点要说明的是，不要认为这样就是剥夺了某个人的权利，发达国家对于累进税的要求更高。我们以瑞典为例来进行分析。

"收入均等化"是瑞典政府采取的另外一个政策，"收入均等化"是指拉平各个社会集团的收入和使全体居民保持较高的生活水平，用重新分配来为社会服务，主要是通过税收前的保险转移、累进税和各种转移收入来实现收入均等。比如收入在12000克朗以下者，在税收后可以获得新的8%~10%的收入，而收入在60000克朗者则损失原来收入的1.8%，收入达到15万克朗的，税率高达80%，收入转移25%。所以有人说，瑞典是发达国家中通过收入再分配手段保证公民利益的一个最平等的国家。

此外，瑞典还建立了一整套全民社会福利制度，社会福利深入到每个人的日常生活的各个方面。一方面，瑞典实现了从婴儿津贴到养老金的系统化福利；另一方面，瑞典的每一项福利都具体周到，并随着社会的发展而发展。

成熟的市场经济国家一般都采取高税收、高福利为对策，向高收入人群征收高额累进税，弥补低收入弱势群体的贫困，以调节不同利益群体的关系，这几乎是成熟的市场经济国家所能采取的最为有效的举措。

当劳动者需要救援时，通过国家运用再分配杠杆，从高收入人群中收回一部分自己创造的东西。不少西方国家的财政支出有一半以上都用在社会福利上，充分证明"高税收、高福利"政策是构筑社会和谐、促进市场经济发展的有效机制。

所以，在国家为人民服务的过程中，我们也应该积极配合累进税。天下兴亡，匹夫有责。我们需要有累进税，高收入居民需要多交一点税，通过这种手段可以改变结果的不均等，促进社会与国家更好地发展。

财富观念——消费 PK 节俭

> 倡导节俭和主张积极消费，两种观念并不矛盾。在我们的能力范围内，在保证入大于出，以及不无度奢侈浪费的前提下，我们完全可以为了得到更好的生活质量而进行消费。

现在有两种财富观念，一种倡导节俭，一种主张积极消费。两种观念看起来似乎有些对立，其实两者各有道理。如果我们能够理性而合理地面对和处理财富，会发现这两种观念并不矛盾。

中国有句古话叫"凡事预则立，不预则废"。意思就是说做什么事情都要有个计划。财富也不例外，如果你想保证自己富有，那么就该对自己的财富进行规划。一个人只要他正确地计划好其收入的花销，几乎就等于增加了一倍的收入。计划不好的人很少富有；计划有方的人很少贫穷。

有三个在农用器具制造厂的门市部工作的人。他们一天到晚摆弄着木头和铁，制造马车、铁犁、铁耙、钻具以及诸如此类的用具。有一天他们产生了新的想法，他们或许能干上比造马车和铁耙更好的工作。当然，他们没有鄙视体力劳动，只是希望体力劳动能够成为通向未来美好生活的台阶。

他们当时的工资都还很低。其中两个在同一个工作台干活的年轻人设法积蓄足够的钱，以使他们在冬天上得起大学。每个学期结束后他们回来从事体力劳动，在夏天赚足够的钱以便在冬天能够回到学校。

第三个人并没有走这条路。他参加了机械协会。这种组织在他所居住的城镇才刚成立，通过参加讲座和在图书馆读书，他掌握了化学机械原理和自然哲学的很多知识。他学起来全神贯注，晚上的时间都用在努力学习上，最终成为了一个知识很完备的人。这三个人都是在用自己很少的工资来使自己能够完成自己成功的目标，所以他们要求自己节俭、节俭、再节俭。

没有必要描述他们是如何在节俭中生活的了，但他们最后的成就一定要提一下。前两个人中的一个成了很有名气的律师；另一个成了大学校长；第三个不辞辛劳勇敢地开辟自己生活道路的人，成了全球最大的汽船公司的总工程师和经理。

以上讲的是节俭，接下来我们再谈一谈消费。

中国是个生产大国，每年都会生产各种各样的产品供大家消费和享用。试想，如果我们这么多厂家生产，而大家都倡导"节俭"，有钱不花，那么这么多产品该如何处理呢？这样的话恐怕很多厂家都要倒闭了。这也不是一个健康的社会和市场应该出现的状况。所以在我们的能力范围内，在保证入大于出以及不无度奢侈浪费的前提下，我们完全可以为了更好的生活质量而进行消费。

说到这里，我们很有必要把这个消费的"度"来讲一下。鼓励大家消费，绝不是要大家可以无所顾忌，随心所欲地去花钱。就算有钱，也应该对自己的物欲加以控制。

一个哲学家应邀去参加朋友富丽堂皇的新居。当他走进一间非常大而又装潢非常漂亮的客厅时，他问朋友为什么把房间搞得这么大，那个富有的朋友说："因为我支付得起。"

然后，他们又走进一间可容纳60人的大厅，哲学家又问朋友："为什么要这么大？"这个人再次说："因为我支付得起。"

最后，哲学家愤怒地转向朋友说："你为什么戴一顶这么小的帽子？你为什么不戴一项比你的脑袋大 10 倍的帽子？你也支付得起呀。"

人类的物欲远远超过自然之需，正如有人所言，对于穷人来说，贫穷是无边的。如果不能控制自己的物欲，那么可能会造成以下这样的状况。一旦你买了一件漂亮的物品，你还会去买 10 件，然后便一发而不可收。

学会花钱，把握好消费的尺度，也是致富的一个必要条件。世界上最会赚钱的人，无不是最会花钱的人。"小气"并不是讽刺，这是有钱人的看家本领。精打细算，不乱花钱，才是大富翁的真正风度。然而在生活中我们时常会发现，越是没钱的人，才越爱装阔。因为大多没钱的人容易产生抗拒心理，他们内心常在交战："难道我只能买这种便宜货吗？"他们常常会因顾虑别人的眼光感到不安。所以当他们面对一件商品时，往往考虑虚荣要比考虑价格的时候多，没钱的自卑感像魔鬼一样缠得他们犹豫不决，最终屈服于虚荣，勉强买下自己能力所不能及的东西。

于是，社会中有了一种怪现象，越穷的人，越不喜欢廉价品。仔细想想，穷人的虚荣心总比富人强，他们因为乱花钱而永远无法存钱，富人则相反。

年轻人往往是最爱虚荣的，一个刚赚了一点钱的小伙子，却非要请女友吃高级餐馆，去高级舞厅。有些只租得起 3 平米小房间居住的年轻人，却非要倾其所有积蓄买一部汽车带着女友玩。试想，这样的年轻人又怎能不穷呢？越穷越装阔，越装阔越穷，形成了一个跳不出去的贫穷的恶性循环。

综上所述，我们不提倡绝对的节俭，也不倡导绝对的消费。财富的分配应本着量力而行的原则，做到理性消费，适度消费。

GDP——衡量国家财富的尺子

如果劳动者的工资水平没有随着 GDP 的增长比例而增长，社会生产力与消费水平的巨大反差，会阻碍经济的可持续发展，反之只有工人和农民收入倍增才能解决国家经济中内需不足、产能过剩问题。

GDP 指一个国家（或地区）所有常住单位在一定时期内生产活动的最终成果。国内生产总值有三种表现形态，即价值形态、收入形态和产品形态。

这里所指的社会总财富是没有民族和国籍之分的，就是说在一国的领土范围之内，无论肤色，不管国内企业还是外国企业，只要是它在这个时间所创造的都归入 GDP 内。

比如说，诺基亚在中国的分公司所获得的利润就要计入中国的 GDP，而不能计入芬兰的 GDP；联想在美国的公司所获得的利润就会计入美国的 GDP，而不会计入中国的 GDP。

对于 GDP 这个概念，我们应该把握好下面这几个词：

一是"时间"，就是"一定时期（一个季度或一年）内生产的"，这说明 GDP 是个时间段的概念，不是某个时间点的概念。

二是"生产"，是指所有生产的产品的价值，不包括销售的收入，否则就会重复计算。

比方说生产了 10 台电视，就会有 10 台电视的社会财富的价值表示，并不会因为你没有销售出去，而只记部分的价值表示。

三是"最终产品和劳务"，这是指最终为人们所消费和使用的物品，不包括中间产品，这样也是为了避免重复计算。

四是"价值"，这是指这些最终产品和劳务都是要通过市场价格来统一计算的，不是某个厂家自己臆断的价值。

我们在经济生活中使用 GDP 是为了衡量一个国家或地区的经济产出，或者说是生产能力。因为这个社会其实就是由收入和支出构成，也是由投入和产出构成。任何经济行为都可以用这两者来计算。

所以对于一个国家或地区而言，也应该存在一个投入和产出的问题。到底一个国家或地区的生产能力有多强，或者说的更简单点就是创造了多少社会财富，这个时候就需要一个统一的度量单位，以便国家与国家，地区与地区之间进行比较。

那么，GDP 就是这个统一的度量单位。也就是说，GDP 是用来衡量国家或地区社会财富的尺子。

GDP 产生于第二次世界大战之后，逐渐被世界各国所采用。我国自 1985 年建立 GDP 核算制度，1992 年之后逐步建立起一套新的国民经济核算体系，GDP 成为核心指标。

作为一个国家或地区一定时期内社会经济活动成果的集中体现，目前，这一指标已成为各级政府制订经济发展计划和战略目标的重要依据，并成为家喻户晓、世人关注的经济"晴雨表"。

从价值形态上看，它是所有常住单位在一定时期内生产的全部货物和服务价值，超过同期中间投入的全部非固定资产货物和服务价值的差额，即所有常住单位的增加值的和。

从收入形态上看，它是所有常住单位在一定时期内创造并分配给常住单位和非常住单位的初次收入分配的和。

从产品形态上看，它是所有常住单位在一定时期内最终使用的货物和服务价值与货物和服务净出口价值之和。在实际核算中，国内生产总值有三种计算方法，即生产法、收入法和支出法。三种方法分别从不同的方面反映国内生产总值及其构成。

GDP 和 GNP，因为不管外国名还是中国名都只差一字，因此很容易让一般人混淆。所以有人才利用它们制造了重重迷雾，常用 GDP 偷偷代替 GNP。

为了能够更容易区分它们，我们可以举个简单的例子。

有一个家庭，妻子在家里种蔬菜，一年的产值是 500 元。丈夫在外地卖馄饨，一年的产值是 1000 元。他们有一间房屋出租给一个个体户做生意，一年的产值是 10000 元。

那么，这个家庭的"家庭生产总值"（GNP）就是丈夫和妻子的生产总值，为 1500 元；这个家庭的"家内生产总值"（GDP）就是这个妻子和那间房屋的生产总值，就是 10500 元。

但是，同样是 GDP，在日本却有着与中国完全不同的内容。比如说 2007 年，日本 GDP 值 52900 亿美元，排名世界第二。同时日本还有 3.5 万亿海外资产，这是不包括在 GDP 内的（GDP 是本土之内的产值，不问本国外国，GNP 则是本土内外所有本国国民产值）。

这样一来，就显出中日的差距了。中国的 GDP 大头是人家的，自己只占小头；日本的 GDP，不但都是自己的（日本的外资只占 1%），海外还有相当大的一块没算进去。由此可见中日的差距远不止是 GDP 账面上的 2 万多亿美元。

看到这里，我们就能看出日本经济发展的实质不是增长慢，中国经济的实质也不是迅猛发展。因为通过看中日 GDP 内容的差距，就能看出差距主要体现在外资上。日本为什么外资那么少？因为日本发展经济走了一条与中国完全不同的道路。

首先日本把本国的经济发展到了极致，例如战后日本经济的高速增长，也是由于所必需的钱得到了充分的供给才得以实现的，而日本银行的货币供给通货的最主要的渠道是靠日本银行向民间银行贷放，民间银行再向公司放款……日本银行在超出自己力量以上的放款叫做"超额贷款"，日本为经济增长所必需的钱正是靠这种超额贷款供给的。

其次，在国家高速增长的同时，日本把如何能够使民众有更强购买力放到了一个重要的位置，在他们看来，如果劳动者的工资水平没有随着GDP的增长比例而增长，社会生产力与消费水平的巨大反差，会阻碍经济的可持续发展，反之只有工人和农民收入倍增才能解决国家经济中内需不足、产能过剩问题。

最后，在日本的制造业从乡镇工厂向国内市场的霸主，以及向全球企业腾飞的时期，日本努力关闭国内市场，彻底限制外资的影响力。日本《外资法》开宗明义第一条就申明："本法的目的是，只准许有利于日本经济的自立和健全发展以及可改善国际收支的外国资本进行投资。"

由此可见，日本采用的是正宗的经济学大师凯恩斯理论，"超额"使用本币、国债，严格限制外资，提高工资、福利，扩大国民消费力，以需求拉动做大国内市场，做到了外贸不到20%，高出低进的情况，才推动了经济快速发展。

而种种迹象表明，我国单纯追求GDP和出口的外向型经济发展模式弊端重重，多年发展下来，只是一个廉价的打工国家。在美国金融危机爆发后，这种发展模式再也维系不下去了。中国的发展如果继续建立在以美元为主导货币的金融货币体制上，发展再快也是为他人在做嫁衣裳。

中国今天要利用这次西方国家的金融风波和经济危机调整自己，在今后走出一条切实发展自己的道路。

GNP——真正属于自己的价值

国民生产总值（GNP），指一个国家（或地区）所有常住单位，在一定时期内收入初次分配的最终结果。只有关注 GNP，才是关注属于中国自身的发展。

国民生产总值（GNP），指一个国家（或地区）所有常住单位在一定时期内收入初次分配的最终结果。

一个国家常住机构单位从事生产活动所创造的增加值，也就是国内生产总值在初次分配过程中，主要分配给这个国家的常住机构单位，但也有一部分以劳动者报酬和财产收入等形式分配给该国的非常住机构单位。

同时，国外生产单位所创造的增加值也有一部分以劳动者报酬和财产收入等形式分配给该国的常住机构单位。从而产生了国民生产总值概念，它等于国内生产总值加上来自国外的劳动报酬和财产收入减去支付给国外的劳动者报酬和财产收入。

与国内生产总值不同，国民生产总值是收入概念，而国内生产总值是生产概念。

GDP 的快速增长是今天中国值得"骄傲"的，但令人遗憾的，也正是 GDP！GDP 不是 GNP，仅仅代表"国内生产总值"，仅仅代表中国地面上发生的产值，并不意味着这些财富就是中国的。

因为今天在中国生产和创造财富的，已经远不止是中国人，还有美国人、日本人、韩国人、德国人、英国人、法国人等等，阵容庞大。官方数字显示，今天中国外资企业已达 28 万多家，资产总值超过 2 万亿美元。在中国 28 个产业中，有 21 个前 5 名都是外资、合资企业。连老祖宗留下的大豆、豆油这样的传统农业产业中国都不能自主了。

中国的外贸比例之大，三分天下有其二，3 万亿的 GDP，外贸占了 2 万亿；在 2 万亿的外贸中，外资企业的份额约占 60%。

所以，关注 GNP，才是关注属于中国自身的发展。

只有 GNP（国民生产总值），才是真正属于中国自己的价值。

经济学假设——经济学研究的基石

相对于现实本身来说，所有的科学都不是百分之百准确的，因为科学都有自己的假设，在这个假设之下，慢慢地再研究出一系列的新的结论，但是假设有的时候成为现实，有的时候和现实正好相反。

经济学，也仅仅是一种对现实世界的解释。解释的对象主要是人的行为。由于经济现实是非常复杂的，而且还经常处于不断变化之中，那些经济学家为了专注于要说明的东西，就常常会假设其他条件不会变化。只有先假定某一或某些因素不变，才能分析出其他因素的运动变化规律，然后再假设在这些因素不变的情况下其他相关因素的变化情况，这样总结起来就比较能客观地反映事物的运动本质了。

例如，经济学家断言："香蕉的价格下降一定会导致其需求量上升。"他们的这种断言就是建立在其他条件——消费者的收入、消费者对香蕉的喜好程度、其他水果的价格等等——不变的情况下。可以说，经济学假设是了解和研究经济学的必要前提。

现代经济学研究有两个基本假设前提：第一，资源是稀缺的，资源的稀缺性要求我们对资源的使用应以效率为原则，使之发挥最大效用。

因为资源稀缺，所以人是受到资源稀缺约束的，比如收入的限制、时间的限制、价格的限制等。人们只能在这个现实条件的约束下追求利益最大化。那么如何正确合理地利用资源呢?

真正懂经济学的人会根据自己周围的环境,制订出一个合理的计划,发展自己的经济学。人是理智的、清醒的,即对自身行为的成本收益有一个清楚的认识,在特定的环境下总是尽其所能地追求自身效用的最大满足。

人们都是以自己的才能来行事,竭尽自己的力量,以此来满足自己的欲望。因此,物价低廉,他们就寻求更贵的地方卖;物价昂贵,他们就寻求更便宜的地方买。各自勤勉而致力于他们的本业,乐于从事自己的工作,如同水向低处流,日日夜夜而永无休止。而且在这个过程中,每个人都力图用好他的资本,使其产出能实现最大的价值。一般说来,他既不企图增进公共福利,也不知道他能够增进多少。他所追求的仅仅是一己的安全或私利。

其实,所有的理论,都是相对真理,都是在一定条件下正确,如果脱离了这个条件,真理就是谬误了。在任何条件下都对的东西,实际上没有任何用处。

那么,研究理论的意义何在呢?正确的理论是结合事实,当满足或者接近理论假设的场合,理论可以解释人们的行为。更重要的是,理论可以预测和指导人们的行为。

经济学其实和人们的生活息息相关,拿我们普通人来说,从找工作到加薪,从利率调整到股票涨跌,从物价上涨到货币贬值,从房价到次贷危机,这些大道理,其实就是与你最有利害关系的身边事,就是你永远离不开的日常生活。

学习一点经济学是非常有意义的,一些简单的经济学理论在合适的人手中,能够揭示我们所在世界的每个方面。

有人常常怀疑假设,说假设不合情理等等,这是没有科学素养的主要标志。假设是研究、认识复杂世界的需要。只有作出假设,忽略掉一些不相干的东西,关注要研究的因素本身,才有助于迅速认清事情的本质。如果不作假设，同时考虑所有情况，很难取得进展。

作为一门真正的现代科学，真正了解经济学，并能为己所用的现象并不多。究其原因，自从 1776 年亚当·斯密发表《国富论》以来，经济学历经了漫长的发展，时至今日已博大精深。这就像当初只有几株幼苗的原野，而今已是一望无际的林海。

"由极简至极繁"，当今的经济学已渗透于人类社会的各个领域，其范围之广，远远超乎人们的想象。如果罗列这门科学的分支，其数量当以百计，以至于 1992 年诺贝尔经济学奖获得者，美国人加里·贝克尔声称，经济学几乎可以分析人类社会 90% 的行为。

以前，很多门类的科学，我们总是强调"应该是什么"——诸如理性人假设，把人想象成应该是这个或者那个样子，但是我们经常忽略"事实是什么"。经济学是一门科学，所以也有自己的假设，经济学的假设不止一个，但是最根本的只有一个，这就是经济人假设，也叫理性人假设。

对于经济学来说，不存在什么信息充分、信息对称。因为如果都实现的话，那交易就无法进行。人们进行交易的准则仅仅是双方都非常高兴——都得到了巨大的经济利益，这样的情况往往是一种心理状态：双方都认为自己拿到了自己该拿的部分。

经济人假设的意思是说，每个人，当然不但包括自然人，也包括厂商，都是在给定约束下追求自己利益的极大化。整个经济学大厦就是建立在假设基础上的。如果否认这个假设，就等于取消了经济学本身。

人都是追求自己利益的，而且追求自己利益的极大化，也就是最大化。人也是趋利避害的，趋利避害就是在追求自己利益的极大化。在任何情况下，都是如此，这就是人类社会的发展与经济学的发展。